当代大学生法治教育与法治思维研究

汪孟夏 ◎著

九 州 出 版 社
JIUZHOUPRESS

图书在版编目（CIP）数据

当代大学生法治教育与法治思维研究 / 汪孟夏著
. -- 北京 : 九州出版社，2022.10
ISBN 978-7-5225-1307-2

Ⅰ．①当… Ⅱ．①汪… Ⅲ．①大学生－社会主义法治
－法制教育－研究－中国 Ⅳ．①D920.4②G641.5

中国版本图书馆CIP数据核字(2022)第202971号

当代大学生法治教育与法治思维研究

作 者 汪孟夏 著
责任编辑 赵晓彤
出版发行 九州出版社
地 址 北京市西城区阜外大街甲 35 号（100037）
发行电话 (010)68992190/3/5/6
网 址 www.jiuzhoupress.com
印 刷 北京四海锦诚印刷技术有限公司
开 本 787 毫米×1092 毫米 16 开
印 张 11.5
字 数 272 千字
版 次 2023 年 5 月第 1 版
印 次 2023 年 5 月第 1 次印刷
书 号 ISBN 978-7-5225-1307-2
定 价 58.00 元

前　言

当前，我国正在实施依法治国方略，着力建设社会主义法治国家，这是我们国家治理方式的重大变革，也是逐步推进国家治理体系和治理能力现代化的必要举措。公民法治观念的树立、法律素质的提高，直接关乎法治国家建设的进程。因此，提高公民的法治观念，加强公民法治教育是我国法治进程中的重要任务。而高校大学生作为国家的未来之星，是打造未来社会的主力军和先锋队，必然在社会各行业中承担重要的角色和任务。另外，在大学生法治教育中，提高大学生的法治思维水平，是我国社会主义法治建设的基础工程，也是大学生思想政治教育的重要内容。

基于此，本书以"当代大学生法治教育与法治思维研究"为主旨，在内容编排上共设置六章，第一章是当代大学生法治教育概论，内容包括当代大学生法治教育的必要性、当代大学生法治教育的理论基础、当代大学生法治教育的内容与特征、当代大学生法治认同的价值意蕴；第二章探究当代大学生法治教育意识的培育，内容涵盖法治与法治意识、大学生法治教育意识培育的重要性、大学生法治教育意识培育的根本途径；第三章围绕大学生网络法治教育及其重要意义、大学生网络法治素质教育模式转换、大学生网络法治教育的强化路径展开论述；第四章研究大学生隐性法治教育的特征及功能、大学生隐性法治教育的基本理论、大学生隐性法治教育的要素构成、大学生隐性法治教育的实践；第五章对当代大学生法治思维及其培育基础、法治思维培育的目标与原则、法治思维培育的主要内容进行全面分析；第六章探究当代大学生法治思维培育的路径。

本书内容丰富、重点突出、结构科学、论述清晰，理论与实务兼顾，结构体系完整，既有理论上的提炼，又有对大学生群体在学习和生活中可能遇到的实际问题的深入解析，能够满足新时代高校学生普法、尊法、懂法、守法、用法的切实需要，以达到高校学生提高能力、提升素质的目的。

笔者在撰写本书的过程中，得到了许多专家学者的帮助和指导，在此表示诚挚的谢意。由于笔者水平有限，加之时间仓促，书中所涉及的内容难免有疏漏之处，希望各位读者多提宝贵意见，以便笔者进一步修改，使之更加完善。

目 录

第一章 当代大学生法治教育概论

第一节 当代大学生法治教育的必要性

法律的权威源于人民的内心拥护和真诚信仰。全面推进依法治国，离不开通过开展法治宣传教育来增强全民法治观念，推动全社会树立法治理念。大学生法治教育在全面推进依法治国进程中，具有基础性、先导性、关键性的地位。由此，通过开展法治宣传教育，推动全社会树立法治意识、培育法治信仰将成为一项长期的基础性工作。

作为我国社会未来发展的中坚力量，大学生这一特殊群体的法治信仰培育，直接关系到法治中国的建设进程。在这一系统工程中，高校责无旁贷地承担起了主要的教育功能。思想道德修养与法律基础课是高校开展法治教育的第一课堂，它以有限的课时为依托，使大学生领会法律精神、理解法律体系、树立法治理念、维护法律权威，并最终形成法治信仰的目的。高校开展法治教育就是希望大学生在生活和实践中形成对法治的自觉认同。

第一，推动当代大学生法治教育，是减少大学生违法犯罪，维护校园和谐稳定的需要。当代部分大学生受家庭教育和社会环境的影响，存在依赖性较强、自我自大、漠视他人的问题，在校园内面对各种纠纷矛盾，容易产生过激行为，给他人和自己造成不可弥补的伤害，影响校园的安全稳定。

第二，推动当代大学生法治教育，就是明确为与不为的界限、法与非法的界限，通过法律的威慑惩戒功能，预防青少年犯罪，维护校园秩序。强化当代大学生法治教育是提高大学生综合素质、促进青年学子成才的重要内容。法律素养是大学生综合素质的重要内容之一，法治教育是培育大学生良好的法律品质、增强法律意识、增强法治观念、培养法治信仰的有效途径。通过强化法治教育，一方面有利于帮助大学生掌握基本的法律知识和法治理念，使其知法、懂法、守法，提高综合素质；另一方面有利于培养他们健康理性的思维方式，遏制青春期易冲动易暴躁的性格弱点，遏制种种不计后果的违法行为，使其在遇事处事时能经常从法律的角度考虑问题，逐步养成理性思维的习惯，最终培育大学生的法治观念与信仰。

第三，推动当代大学生法治教育，是建设社会主义市场经济的内在要求。市场经济是法治经济。随着我国建立社会主义市场经济体制的深入，法治手段越来越广泛地被运用到社会现实生活中。在市场经济条件下，市场主体资格的确认、市场主体权利的保护、市场经济活动的运行、市场秩序的维系、国家对经济活动的宏观调控和管理等各个方面，都需要法律的引导和规范。因此，培养市场经济主体的法律意识是发展市场经济的首要任务，懂规则、懂法律是未来社会主义市场经济建设者的必然要求。培养大学生法律意识、增强大学生法治观念，才能促进社会主义市场经济建设的健康发展。

第四，推动当代大学生法治教育，是依法治国、实现民族伟大复兴中国梦的必然要求。依法治国是大学生法治教育的根基，大学生作为中国梦的践行者，强化法治教育，培养他们的依法治国理念，帮助大学生形成法治信仰是实现社会主义法治国家的必要条件。

第二节　当代大学生法治教育的理论基础

一、当代大学生法治教育的社会学习理论

人类的学习除了学习者对刺激做出反应的直接学习（即刺激-反应的巩固联结）外，还有一种就是间接学习，即观察学习。观察学习就是学习者在社会交往中，通过对榜样人物的示范行为进行观察而无需予以直接强化的学习。学习理论强调人的行为是内部过程和外界影响交互作用的产物，其既承认环境是决定行为的潜在因素，又承认个人的认知因素、自我调节在学习过程中的关键作用。这种理论是较为全面的。

接触多种榜样的人更具有创新性，观察学习是创造性行为的主要来源，榜样越是多样化，观察者就越有可能做出创造性的反应。这告诉我们要培养学生的法治信仰，就要为学生提供多样化的示范者。学校和教师应该为学生学习法律知识、树立法治理念、培养法治信仰提供示范。成功的经验会增强学生对于法治的信仰，使学生树立学习法律的信心，正确看待自己的处境与希望。这就要求教师要着重培养学生对于法治意识与观念的信念，培养学生对于法治信仰的兴趣，并给学生创造利用法律解决问题的机会或条件，为增强学生的法治观念与信仰做好铺垫。

法治教育从学生抓起，从课堂抓起，正是抓住了法治社会建设的关键。法治教育是公民基础教育的重要内容，是一种养成教育，必须要从小抓起。青少年时期是性格养成时期，是最佳的法治教育时期，观念塑造和习惯养成基本上在这个时期完成，法治意识一旦养成，便会十分牢固。学校是法治教育的主阵地、主渠道，这个时期在课堂进行专门的法治教育，作用远胜过其长大后接受社会上的普法宣传教育。青少年时期点滴积累起来的法治素养，潜移默化形成的法治意识，决定其长大后是否真正能按照法治精神参与社会建设。青少年法治教育作为法治社会建设基础中的基础，不容忽视，不容懈怠，不容应付。只有在青少年时期学法懂法，提高法治素养，树立法治意识，牢固法治信仰，养成法治行为习惯，长大后才能依法办事，成为建设法治中国的主力军。

二、当代大学生法治教育的主体性教育理论

主体性教育理论，包括两个层面的内容：主体性理论与主体性教育理论。

（一）主体性理论

主体性理论，主要包括以下两层含义：

第一，主体性就是主人性，就是主体关系中处于主人地位的人所具有的本质属性，这种主人性既包括做自己的主人，也包括做主体间关系的主人，还包括做对象世界的主人。主体性是人之为人的根本属性，是人作为认识和实践主体在其活动中所具有的自主性、能动性和创造性。

第二，主体性，意味着个体在推动历史进步和社会发展中自然实现的为我性、受动性和能动性。

（二）主体性教育理论

主体性教育，是指一种引导学生自我体验建构的教育，一种自我生存发展意识的教育，以及一种社会责任感和奉献精神的教育。教育活动是一个"主主二元"的双向活动过程，既包括教育者的传授，也包括受教育者的接受，忽视或偏颇于哪一方都不可取，两者均具有主体性。在主体性教育活动过程中，既要充分体现出教育者的主体性，也要体现出受教者的主体性。教育者对受教育者进行启发、指导，有目的、有计划、有组织的教学活动，受教育者则自主体验、自觉能动以及自我创新。

主体性是社会实践者的特性，是以实践活动为轴心而展开的主、客体关系中主体的特

性；具体地说，主体性是人对世界包括人自身的实践改造性，是从人的内在尺度出发把握事物的尺度的特性。可见，大学生法治教育的主体性，就是指大学生法治教育工作中大学生的心理和行为的能动性以及自觉自主性。

综上所述，主体性的为我性、能动性和受动性的特点，反映了大学生无论是接受外部法律知识和法治观念，还是自我形成法治意识、培养法治观念，都是围绕着大学生自身发展和自身利益展开的。大学生主体法治意识越深刻，主体的能动作用就会越大；主体的受动性越大，为我性和能动性就会显现得越充分，自身的发展也就越充分、越有持续性。

第三节　当代大学生法治教育的内容与特征

一、当代大学生法治教育的内容

在以往的大学生法治教育中，我国大部分高校只注重基础法律知识的教授，而忽视了法治观念的培育。因此，新时代大学生法治教育有必要打破以往的教学局限，不断地创新和丰富法治教育内容。"大学生法治教育是普法教育，更是通识教育与素质教育。"① 那么从对现在大学生法治教育的新要求上，大学生法治教育的内容应以普及法律知识为基础，以培育法治意识为核心，以提高法律运用能力为重点。

（一）普及法律知识

知法是懂法、尊法的基础。对法律认知水平的高低是影响法律行为的关键因素。只有通过学习法律知识，才能使人们了解自己的行为是否合乎法律要求，从而养成尊法、守法的好习惯。虽然接受法治教育的最终目的不单纯只是为了获得法律知识，却是之后法治教育环节的理论支撑。如果知法环节没有做好，守法和用法环节也无法有效进行。只有使学生对法治有一个系统的学习和掌握，才能为其之后法治意识的提高打好基础。因此，大学生法治教育一定要坚持以普及法律知识为基础，以此来丰富和充实大学生法治教育法律知识体系。

通过基础法律知识普及，使大学生认识和了解我国法律的基本内容，引导他们对我国

---

① 张家宇. 大学生法治教育向何处去［J］. 安徽理工大学学报（社会科学版），2021，23（5）：30.

的法律机构体系有一个初步的了解。当前在我国法治教育中，法律知识主要包括对宪法方面的教育、普通法律法规的教育。通过对我国当前的法治体系和法治理念的学习，可以引导学生对法治的理解，为今后将尊纪守法作为自己行为的准则奠定知识基础。

在新时代背景下，要用最新的理论成果和立法成果来武装大学生的头脑，要加强大学生对中国特色社会主义法治理论和习近平法治思想的学习。

（二）培育法治意识

法治意识，即国家公民能够发自内心的认可、崇尚、遵守并服从该国的法律。法治意识是一种深深植根于公民内心深处的道德观念和情感信念，源于人们对现代法律观念的信任和崇尚。法治意识包括法治观念、权利意识和责任意识。法治意识是一种意识体系，需要人们经过有计划的教育培养才能形成。

大学时期是学生成长的一个重要节点，大学生大多已经具备了一定的法律知识和道德理念，但是在这个阶段，如果他们不具备正确的法治意识，不能正确控制自己的行为，便会对社会造成不良影响。在这个人生关键时期，对学生进行法治教育要使他们懂得自我约束，坚守内心准则，提高其明辨是非的能力。所以，提高大学生的法治意识，引导其形成良好的法治思维，提高其责任意识和规则意识，有利于大学生在人生道路上快速成长，对社会主义法治建设贡献力量。培养我国当前青年大学生法治意识，除了使大学生能够清楚认识到不违法侵犯和损害他人合法权利以外，也要注重进一步培养大学生基本的法律判断能力和正当的维权意识，引导其了解法治，对法治进行深入的思考，真正理解法治精神。

（三）提高法律运用能力

提高法律运用能力，主要是提高守法能力、维权能力和护法能力。任何能力都不可能一蹴而就，需要不断通过实践来强化。理论知识只有通过系统探索才能转化为社会实践，而将理论知识运用到实践才能发挥知识的作用。因此，高校在进行法治教育时，除了教授相关法律知识，同时也要注重学生运用法律解决问题的能力，在实践中将知法向用法转变。高校要转变陈旧的课程理念，增加实践课程，在课堂教学活动中增加一些实践课程环节，这样可以使大学生将所学知识应用到实践中，同时也要在课外教学中安排相应的社会实践活动，为大学生提供课外实习的机会和平台，使其在实践中潜移默化地感受法治氛围。

通过实践教学，学生可以切实体会法律的运转，真正将法治观念放在心中，提高法治思维，从而懂得运用法律解决问题。法律运用能力的提升有利于大学生使用法律的武器保护自己不受到伤害，同时懂得不侵害他人的权益。

总之，法律知识是法治教育的基础。如果没有深厚的理论知识作为铺垫，就无法拥有较高的法律意识和运用法律的能力。法治意识是核心。没有法治意识，知识就无法有效的运用，能力也不可能得到提升。大学生学会将所学法律知识运用到生活中是法治教育的最终环节，一切理论的学习都是为了将之付诸实践而进行的，脱离实践的理论教学便是空谈。

二、当代大学生法治教育的特征

目前我国全面依法治国建设进入了新阶段，探究大学生法治教育也应该结合最新时代背景和最新理论成果。那么，在新时代大学生法治教育也呈现出了新特征。因此，在当前加强大学生法治教育是形势之要和时代之需。

（一）新时代明确大学生法治教育的目标

新时代社会主义法治建设，以"法治中国"为奋斗目标，"法治中国"作为实现"中国梦"的重要内容，是每个公民的共同追求，也是我们为之奋斗的目标。当代大学生是社会未来发展的重要力量，新时代对他们也提出了更高的要求。在当今，对大学生开展法治教育应该使其对法治有深刻的理解，陶冶法治精神，引导学生树立法治意识。所以，大学生法治教育要不断加强大学生法治意识的培育、树立大学生法律信仰。

1. 培育大学生的法治意识

法治意识是指人们内心对法治精神的追求，又在此基础上逐渐形成对法治内容、原则及其功能的了解、信任和支持。青年学生是未来投身法治中国的建设者，其法治意识的强弱对我国的发展建设产生重大影响。因此对青少年进行法治意识的培育更显得十分重要。开展法治教育必须注重培养大学生的法治意识，这既是一项长期、复杂的任务，也是一项系统工程，是法治教育工作不断追求的目标。

（1）培育大学生的法治意识，有利于帮助大学生养成正确的法治思维。近年来我国社会主义法治建设取得了巨大的进展，养成良好的法治思维日渐成为提高公民综合素质的重要内容。在我国，任何人都不能逾越法律的界限，对于国家机关人员来讲就是要敬畏权力，不能滥用权力。而对于大学生来说，在社会上就是要遵守社会规则，在校园内就要遵守校园规则。培育大学生的法治意识有利于帮助大学生全面理性地看待法律，树立规则意识。拥有正确法治思维的大学生，懂得在生活中运用法律解决问题，拥有较高的维权意识，从而使大学生免受不法权益的侵害。

（2）培育大学生的法治意识，有利于法治中国的建设。在新时代，法治社会已经成为人们的共同追求，建设一个和谐的法治中国也是人们心中美好的愿景。一个人人都懂法、守法的社会无疑是法治中国建设的重要目标。只有每个人理解法治，拥有良好的法治意识才能让建设法治中国更进一步。作为未来社会发展的骨干力量，大学生在一定程度上影响着周围人的行为。只有对其开展法治教育，提高他们的法治意识，才能使这支力量发挥作用。因此，对大学生开展法治教育，使其具有良好的法治意识对构建和谐中国具有重要意义。拥有良好法治意识的大学生会将日常所学社会主义法治理论知识内化，并融入日常生活中和学习中，从而提高个人的法律素养，并为加快我国社会主义法治贡献一份力量。因此，要把提高大学生法治意识作为开展法治教育的重要目标，为建设法治中国发挥重要作用。

2. 树立大学生的法律信仰

法律要发挥作用，需要全社会信仰法律。公民不具有法律信仰，在法治工作实施的过程中就很难达到预期的目标。法律必须被信仰，树立法律信仰是法治建设的观念基础，法律的运行也离不开人们对它的信仰。因此，努力树立大学生的法律信仰，使其认同法律价值，尊崇和依赖法律是开展法治教育的重要目标之一。

树立大学生法律信仰，有利于使其养成自律意识。只有心中尊重法律、认同法律才能自觉遵纪守法，依法办事。在大学生群体中，时有出现违法犯罪的现象，究其原因就是缺乏法律意识和法律信仰。只有树立法律信仰，自觉遵守法律，才能做到将法律作为内心的准绳。同时，心中有法律，才会运用法律保护自身。树立法律信仰，信赖法律，才懂得运用它来保护自己。如果人们对法律没有信赖，就不会主动寻求法律的帮助，更不会用它来维护自身权益。

树立大学生内心的法律信仰，首先，使大学生尊重法律，只有法律在人们心目中的地位是至上的，才能够被人们信仰，让大学生充分认识到当代法律神圣权威作用和法治尊严，从而使大学生发自内心地尊重法律的地位；其次，使大学生信赖法律，只有信赖法律，才能够有维权意识；最后，要使大学生捍卫法律，使大学生自觉守法，爱护法律，才能养成规则意识。通过开展法治教育，要使学生明白恪守法律、依法办事是每个公民应尽的义务。

（二）新使命提出大学生法治教育的任务

作为大学生成长的摇篮，高校肩负着为祖国培养杰出人才的重要使命。在高校，大学生法治教育是其重要工作之一，也承担着培养学生法治意识，为法治中国建设提供未来优质法治人才的任务。因此，在新时代新形势下，开展法治教育，要坚持把宪法教育作为大学生法治教育的核心内容，把促进道德教育和法治教育相融合，作为大学生法治教育的有效途径，丰富大学生法治教育的内容和方法。

1. 坚持把宪法教育作为核心内容

党中央在《关于新时代加强和改进思想政治工作的意见》①，明确提出在全社会普遍开展宪法宣传教育，有针对性地宣传普及法律、法规和法理常识。学生法治意识的培育需要循序渐进，只有不断地对学生开展全面且有效的法治教育，才能切实营造学生尊崇并注重弘扬社会主义宪法精神理念的法治氛围。因此，高校必须坚持以宪法为核心开展法治教育，把开展以宪法为核心的法治教育作为高度重视和亟待解决的重要任务。

一方面，坚持以宪法为核心的法治教育有利于推动教育强国建设。《中华人民共和国教育法》中强调：遵循宪法确定的基本原则，发展社会主义的教育事业，对加速教育法制建设提供了根本的法律保障。这明确了宪法在我国开展法治教育工作中的重要作用。宪法是我国的根本大法，开展法治教育，离不开对宪法的学习。开展以宪法教育为核心的大学生法治教育，既可以提高高校法治教育的治理能力，同时也可以完善高校管理体制，提高法治教育的实效性，为法治中国建设提供人才输出和法律保障。

另一方面，坚持以宪法为核心的法治教育是实现中华民族伟大复兴的重要途径。中华五千年的文化历史对我们今天的法治观念和价值取向产生了深远的影响。在党中央领导人民建设社会主义法治国家进程中，注重中华传统法治文化对当代我国法治建设的影响巨大。在古代，人们也十分重视法治的作用，古代法治思想对当今仍然有十分重要的借鉴作用。因此，对大学生深入开展以宪法为核心的法治教育，使大学生全面认识我国法治理念，使法治成为大学生共同追求，有利于提高大学生的法律素质，从而为其担当起民族复兴大任提供思想动力。

---

① 《新时代加强和改进思想政治工作的意见》旨在充分调动一切积极因素和广泛团结一切可以团结的力量，为巩固和发展中国特色社会主义制度服务及改革开放和社会主义现代化建设服务；于 2020 年 12 月 30 日由中央全面深化改革委员会第十七次会议审议通过。

2. 促进道德教育和法治教育相融合

要建设法治中国，必须坚持依法治国和以德治国相结合，这对大学生法治教育提供了新的要求，就是要坚持道德教育和法治教育相融合。二者相融合，有利于提高学生的道德素质和法治素质，促进大学生自身综合素质的提高。促进道德教育和法治教育相融合，可以从以下方面着手：

（1）高校要平等对待法治教育和道德教育。在教材设置中，道德教育占有的比例较高，因此高校在课程设置时，也对道德教育课程安排较多。高校不能只注重道德教育或只单纯注重法治教育，这种理念要摒弃，要将道德教育和法治教育置于同等地位。同时我国高校教学也要始终侧重于在实践中培养大学生良好的个人道德情操素质和社会法治意识。

（2）高校要变革教学方式。目前高校的道德教育与法治教育的课程对于实践教学活动投入不多，因此高校要变革教学方式，加大对实践教学的投入。道德教育与法治教育不能仅运用传统课堂的教学，只注重讲授基本知识，要加大对相关实践教学活动的安排，结合当前生活实际，鼓励学生思考当前道德与法治建设中的社会热点问题。只有这样，才能增强学生学习的积极性，从而提高学习效率。

（三）新理论丰富大学生法治教育的内容

开展大学生法治教育要加强对最新理论成果的学习，这也丰富了法治教育的最新内容。

1. 党的领导与依法治国

党的领导和中国特色社会主义法治是一致的。社会主义法治必须坚持党的领导，党的领导也必须依靠社会主义法治。因此，在高校法治教育中要引导学生正确认识党和法的关系，使学生认识到党和法的关系是法治建设的核心问题。通过对党的领导和依法治国的学习，使学生认识到党的领导和社会主义法治在本质上是一致的，二者之间没有哪一个更大。那么对于这个知识点的学习也是为了使学生对我国法律体系有一个基本认识，让学生认识到党的领导是政治前提，依法治国是治国方式。

2. 依法治国与依宪治国

依法治国，建设社会主义法治国家，必须把宪法和宪法实施置于头等重要的地位。使学生认识依法治国和依宪治国的关系也是法治教育的重要内容。坚持依法治国首先要坚持依宪治国。强调要加强宪法实施，维护宪法的权威，使学生明白什么是依法治国，什么是依宪治国。要让学生明白依宪治国是依法治国的基础，树立学生对宪法的尊崇。学生对这些问题的学习，可以对我国法治体系和法治观念有一个更深刻的了解。

第四节　当代大学生法治认同的价值意蕴

一、当代大学生法治认同的基本认知

（一）法治认同的理论概述

1. 法治认同的基本要义

所谓认同，是指体认与模仿他人或团体的态度和行为，从而使其成为个人人格一部分的心理历程。认同理论原本属于心理学领域，后被广泛引入政治学、社会学、哲学、民族学等学科领域，产生了一系列关于认同的研究成果，诸如组织认同、文化认同、身份认同、社会认同等。在实践上，今天的法治国家、法治政府、法治社会三位一体的法治建设已经逐渐深入人心，越来越得到民众的广泛认同；在理论上，认同理论已经开始进入法治领域，成为研究法治文化的一个重要视角，为法治实践提供有益的理论概括和理论指导。

法治认同，是社会主体对法治规范及其价值的普遍认可和接受，是对顺应民众价值期待、满足民众需要的法律的尊重、信任和自愿服从。因此谈到法治认同的基本含义需要从宏观和微观的角度分别进行阐释，还需要从外在规范和内在价值的角度界定。

从宏观视野上看，法治认同其实就是一种对国家发展战略的认可，是对依法治国战略的赞同和认可。从微观个体化视野而言，主要是在法治实施和法治运行过程中，公民应该养成法治思维、培育法治意识，善于运用法治方式解决各类社会问题。公民因为具有良好的法治思维和法治意识才具备法治认同的微观基础，遇到社会问题首先想到运用法治方式解决，学会用法治的视角分析看待事情。认同具有理性特征，适应了现代社会人们对法律理性态度的要求。认同不是盲目的崇信，认同必然建立在个体思考分析的基础之上，缺乏法治思维是不可能形成法治认同的，法治本身是社会做出的理性选择，法治思维则是一种理性思维，是民众形成法治认同的思想基础。

到了今天，法治更是一个现代国家的底色，是国家治理体系和治理能力现代化不可缺失和不可撼动的基石。要想从宏观上让广大民众树立"法治是硬道理"的理念，形成对法治的高度认同，既要有宏观视野，又要从微观个体着手。不仅仅是对于国家选择依法治国战略的赞同，包括会议文件和媒体宣传，更要让法治认同走进民众的生活，使国家政策和战略方针与民众的实际生活高度契合、相互一致。

法治认同是对法治外在规范的遵守和服从。法治是法律规范和法治价值的有机统一，对法治的认同首先是对法律规范的认同。规范是社会有效运转不可或缺的制度机制，法律体系的特色在于它的广阔范围和调节其他交往的力量。民众对法治的规范认同首先建立在一种对法治规范的情感和信任基础之上，民众相信通过法治的规范运行会得到预期的利益保护，进而自觉规范个体行为，遵从法治规范和约束。这种规范认同会发生与个体原有规范意识的冲突与整合，民众个体成长生活的差异及其法律认知水平的不同会形成个体认知的差异，法治规范的认同正是建立在不断修正原有规范意识的基础上形成符合社会法治要求的规范认同，达致社会行为层面的维度。因此规范认同是一种行为层面的实施认同，表现为依法办事、依法行为，即便是对法治内在价值存在不同的理解，但仍然依法依规做出个体行为和社会行为。

法治认同是对法治内在价值的认可和接受。法治认同不仅仅是一种对法律规范的认同，更重要的是一种对法治内在价值的接受和内化。法治价值是法治的内在灵魂，是法治的一种精神引领和情感吸引。法治建设是一项系统工程，要去清除影响法治价值认同的诸多不利因素，达成价值观念的和谐一致与高度认同。从本质上来讲，法是善和公正的艺术，法的准则是：诚实生活、不害他人、各得其所。有了法治价值的高度认同，才能将法治规范真正内化为一种理念，做到内化于心、外化于行，成为一种自觉。

综上，法治认同是社会主体对法治国家、法治政府、法治社会三位一体的国家发展战略的接纳、认可和遵从，是对法治规范的遵守和服从，是对法治价值的接受和信奉，是一种将法治价值和法治规范融贯于法治实践行动的心理共识和自觉行为，构成法治中国建设的社会文化与心理基础。

2. 法治认同的主要特征

（1）法治认同的权威性特征。法治认同实质就是一种社会凝聚的重要心理因素，从法治认同的视域看，社会需要法治认同的这种重要凝聚向心力，因为它是构成法治社会的重要心理要素，同时当然是法治社会运行的文化心理基础，是一种普遍的需要、多数人的需要，这当然是由于法治的特性所决定的。法治能够提供给大多数人所需要的利益保护外，非常重要的一点是——法治还能够提供一种权威性的影响力和号召力，这种权威性特征正是法治认同的重要来源和显著特性。

权威彰显的是精神上的号召和支配力量，权威和认同具有紧密的天然联系。权威是以某种认同为前提，而认同又会因权威而强化，从这种意义上讲法治认同显示出比较明显的权威性特征。法治认同是因为法治本身所形成的社会权威而带有普遍性，法治的权威当然会因为民众的普遍认同而强化了其权威性。讲到权威性特征，不能不提到合法性的概念。要想获得公众普遍而广泛的认同和遵从，合法性是一个根本前提，而合法性是产生权威的一个重要源泉。

回顾立法的一般历程可以窥见一斑，但凡上升到国家层面的法律都需经过立法机关的认可和正式通过，从而赋予其一种令民众遵行的合法性和权威性效力；立法机关的认可和正式通过，往往都是必须经过广泛的学理论证和面向社会民众反复征询意见与建议，甚至是召开立法听证会。换言之，立法机关的认可和正式通过，往往都是建立在学者们的深入研究和民众的广泛参与并提出建议之后。公众因知悉而广泛参与，借助这些为公众所广泛知晓的规则，听证会即是较为典型的一例，从而提高参与度和遵从度，最终达至提高权威性的目的，这正是现代法治国家立法的正当性与合法性基础。这样的立法程序，恰恰是建立在稳步推进当代民众法治认同的有效基础之上的，合法性的来源在于其立法程序的参与性和正当性过程，权威性因其合法性而增强。

法治认同的权威性特征还在于，从本质上讲，法治属于一种在全社会居于统治地位的意识形态。具有社会整合意义的、能取得共识和形成意向的、占统治地位的意识形态也是维护或保持统治合法性的重要因素。一个社会占据主流意识形态的思想意识观念总是拥有相当广泛的民众基础，具有天然的统合影响力，比较易于达成共识；与其他非占据主流意识形态、不占据统治地位的思想意识形态相比，自然会形成并拥有着无可比拟的权威影响力和认同优势。这种居于统治地位的思想意识形态，因其符合时代主流特征的社会政治属性而具有较为旺盛的生机和活力，就其本源上来讲是一种政治性权威，更是一种法理型权威。

说其是一种政治性权威，是因为这种居于统治地位的思想意识形态必然是符合掌握了国家政权的统治阶级意识形态需要，是一种国家政策上的选择与宣传教育使然，是一种符合人类社会历史发展规律的必然选择，是一种传统权威和现代权威的融合。说其是一种法理型权威，是因为这种居于统治地位的思想意识形态必然符合现代法治的基本属性，会更加注重法理论证与法理逻辑，更加注重法治推理的运用，也更加符合法治民主的历史发展趋势。法理型权威是一种更能获得广泛认同的权威就在于它本身拥有合乎法理逻辑的立论基础和正当程序基础，它更加注重说理性服从而非压制型服从，它历经正当程序的洗礼与积淀，有着更加广泛的民意参与和群众基础，为法理型权威的塑造打造了坚实的正当性程序与实体基础。这种居于统治地位的思想意识形态因为其与时俱进的属性品格，使得其自身成为集中了传统政治权威与现代法理权威于一体的新型社会权威，当代民众法治认同的权威性特征凸显其重要性，正逐渐成为法治建设运行的一种重要文化心理要素和基础环节。

作为认同客体的法治在整个社会具有普遍的最终权威性，法治本身就是一种理性的选择。民众普遍遵守良法已经形成为一种共识，是一种理性的体现。法律之所以成为法律，不在于其文字也就是不在于其每一部分的结构如何，而在于其是否符合立法者的意向。这里的立法者代表了整个国家和整个社会，这种理性是国家智慧的体现，是国家与社会的理性，具有国家权威性。法治认同因之而具有了国家理性色彩和国家权威性特征，法治认同的权威性特征因法治的主流意识形态特色更具说服力和影响力。

（2）法治认同的利益性特征。人们为之奋斗的一切，都同他们的利益相关。法治认同与其他一切社会活动一样，本质上都无法脱离这一人类活动的基本规律。民众期待法治能够给予确定性的利益保护，既是一种现实的需求，也是一种未来的期待，民众总是对法治充满了希望，特别是权益需要保护的时候，法治成了民众寄托的希望，这一切构成了法治认同的利益基础。如果民众能够从法治中得到现实充分的保护，又充满了法治能为之提供保护的预期值，则民众的法治认同度会得到极大提高。从这种根本意义上讲，法治认同的利益性特征突出强调了法治对社会公众利益的满足与保护的重要性。它要求每一个社会成员、每一个社会群体的尊严和利益都应当得到有效维护，并且要根据社会发展变化，不断增大保障范围和力度。

法治成为国家和社会能够为民众提供利益保护的可信赖制度体系，这与法治本身的多元价值息息相关。法治本身意味着是一种良法之治，法治追求公平、公正，成为一种制度性规则体系，能够给民众以切实的利益保护和价值期待。一方面，法治可以为民众提供现实的合法利益保护和对非法利益打击与处罚，通过对非法利益实施打击和处罚本身就是对社会民众合法利益的有力保护，一罚一护，方能彰显法治正义；另一方面，法治能够为民众提供一种预期的利益保护期待，民众根据这种利益的设计与安排机制可以预见到行为的未来后果并调整当前的行为，这种围绕利益预期保护而自觉调适社会行为的前提就是对法治的认同。

法治认同从某种意义上讲就是对法治文化的精神认同，而法治文化的这种精神认同是建立在物质利益基础之上的，并且是以利益保护和满足为实际导向的，法治认同的价值是以现实的和未来的利益保护实现作为主要内容的，当然既包括物质的利益又包含精神的利益实现。仅仅是物质利益保护或者仅仅是精神利益保护都是不能实现认同的最大化问题的，历史唯物主义辩证法从来都是注重物质利益与精神利益的有机统一。

然而，无论是物质利益还是精神利益，现代社会总是越来越精细化和专业化，呈现在人们面前的物质利益与精神利益总是多元的，各种利益彼此之间又总是存在不能完全相互协调一致的情形，甚至各种利益彼此之间是相互冲突的。法理学与法哲学上有一种共识性的准则，生命利益至上，生命利益高于一切财产利益。这其中就是一种重要利益之间的排序关系，而且是最重要利益之间的最基本排序关系。生命利益之间没有大小可以比较，但是除了生命利益之外的其他利益之间却是可以而且必须比较大小的，因此财产权益之间是有个大小比较的，这其实就是一种立法上的先后排序。

刑事法律的排除犯罪事由之一是紧急避险，紧急避险的构成就存在一个利益大小的比较问题，刑事法律要求紧急避险的成立一定是保护一个较大的合法权益，而损害了一个较小的合法权益，这是排除紧急避险行为成为犯罪行为的法定事由。尽管紧急避险行为本身也对社会权益造成相当的危害，但紧急避险行为毕竟保护了一个较大的合法权益，整体上是对社会有利的行为，所以刑事法律对这种行为是持鼓励态度的。因此对不同利益依据一定的评价标准进行比较衡量，依靠国家立法这一权威形式对相互对立的利益进行排序调整，做出先后次序上的安排。从这种对利益的调整和比较排序出发，进而达成比较上的共识，由此可以看出，上述对利益之间的共识性比较衡量是形成法治认同的前提基础和逻辑起点。

如果法治能够体现尊重服务人的需要和利益，从人的需要出发，以人为目的，以人为终极关怀，那作为社会中的人自然愿意遵守它、服从它，进而产生法治认同。法治认同的这种过程是以对社会主体利益的维护和满足为基础建构起来的，法治认同本质上讲就是一种主体的心理意识，主体对法治的心理体验，尤其是对利益满足和保护与否的心理体验直接决定着法治的认同与否，这种利益性特征尤为明显，体现为法律上的权利和义务。法治认同的基本理论和实践问题，要注意尽可能消除传统的义务、责任甚至是不具利益性的法治心理意识。只有注意到这一点，才能突出法治认同的利益性特征，才能真正抓住法治认同的关键性要素，这种对人的终极性关怀就能建立在坚实的利益大厦基础之上，才能真正让人们产生对今日之法治的内在认同、自愿认同和持久认同。

（3）法治认同的实践性特征。法治认同是主体的一种心理体验，是一种精神意识范畴，是一种主体性认同。法治认同来源于法治实践，又会回到法治实践中去，进而巩固和产生新的法治认同。法治认同与法治实践是相伴而生的。从这种意义上讲，法治认同必须关注主体的法治实践，或曰法治认同具有很强的法治实践性特征。

实践的态度则意味着"生成性—参与性"，我们要从主体性方面去理解这种参与性实践的基本过程。这种主观性的理解实质是从实践理性开始的，即由一种理性指导下的参与实践开始。在这种所谓实践理性中，法治认同的发生是以主体对于法治的感性把握和理性认知为基础的，人们对于法治及其在社会中的作用没有一定程度的了解，就无从谈起对法治的承认与接受，这种了解通常是主体在日常社会生活中通过观察或亲自参与法律实践活动获得的。如果说实践理性是一种精神基础，是法治认同走向实践行动的先导，法治制度也即是一种良法善治则是这种实践性的物质基础，而法治实践丰富和发展这种实践理性，并进一步完善法治制度，是一种现实的支撑和保障。实践理性在具体的法治实践中得到提升，法治认同在法治实践中得到践行和强化。因此说，实践是必须的，不可或缺的；要使实践成为一种自觉，必须在我们的具体实践中遵循和践行实践理性，以实践理性指导我们的具体实践。这种实践理性的指导和践行，使得法治的具体实践得到丰富和提升，进而形成一种认同的自觉，达致理性的实践。从实践理性到具体实践最后到达理性实践，恰是法治认同的一种实践性深化、践行和不断丰富提升的过程。

法治认同的实践性特征还体现在主体全面性，因为法治认同的实践性不仅仅是普通民众的认同和实践。法治认同强调对于良法的遵守和服从，这种良法本身就意味着认同主体的全面性，尤其是当权者自身对良法的服从和践行。强调法治认同的实践性特征，实际上就是要首先强调公职人员的法治认同，他们的法治认同直接决定着法治的实施状况，并对普通民众的法治认同有着直接的影响。因为普通民众的法治认同来源于现实法治的实施状况，来源于公职人员的遵法履职行为的深刻影响，呈现出一种直接的正相关联性。因此，法治认同的实践性特征强调在法治建设的实践中，全体公民一体遵行，没有法外特权，法治认同必须也只能在法治的理性实践中得到正向强化。

法治认同的实践性特征表明，法治认同将遵循历史唯物主义、辩证唯物主义的基本原理，从法治文化心理和法治精神、法治思维走向法治实践理性，并最终在具体的法治实践中，达到法治建设的理性实践层面。在此基础上，法治认同将遵循否定之否定的基本发展规律，不断呈现出螺旋式上升和进步趋势。因此，绝对不能把法治认同的研究仅仅当作理论的任务去完成，法治认同只能也必须在法治建设的理性实践中得到升华和提高，法治认同统一于法治建设的理性实践中去，才能具有旺盛的生机和活力。

3. 法治认同的形成条件

法治认同的形成条件，是指影响和作用于法治认同过程的多种因素和关系的总和。法治认同的形成是现实多种社会因素相互作用的结果，不是单一的直线过程。概括讲，法治认同的形成条件主要包括制度性条件、物质性条件、主体性条件、心理文化条件等，并且是多种因素相互作用的有机结果。

（1）良法是制度性条件，是法治认同的前提条件。法治认同的制度性前提是有法可依，要建立完善的社会主义法治体系，这是法治认同的物质基础和制度载体。当代社会主义法治体系的基本形成成为法治认同的物质性前提条件，当然这只是一种制度性条件，并不能必然带来广泛一致的法治认同。

法治应包含两重意义：一方面，已成立的法律获得普遍的服从；另一方面，人们所服从的法律又应该本身是制定得良好的法律。制度与环境条件的恶劣与否虽然只是外在的条件，从哲学认识论角度讲不起决定性作用，但却构成了重要的物质性前提。法治认同特别重视"制定得良好"的法律，内含着"良法"动态性的发展要求，指出了当代中国法治发展的着力点。当代中国法治建设需要良法规范各类社会事务，要求良法不断拓展管辖服务范围，尤其是公权力使用范围，良法要对公权力进行有效约束。尊重公民的宪法性权利、有效制约公权力的行使正是当代中国良法发展的着力点，具体到当前法治建设，从严治党、反腐倡廉的法治实践正是建构当代法治认同的根本前提。

（2）正当利益保护的实现是法治认同的关键条件。法治能否对主体的行为提供利益引导、能否给主体带来一定的效益，具有满足主体的某种利益和需要的现实物质性，直接影响着人们对法治的认同与否。法治的最大实务魅力就在于法能够为人们提供实际的利益保护，而且这种利益保护是一种可期待和可预测的实际结果。法治宣传是推进法治认同的重要途径，法治宣传可以让民众更多地知悉法治、学习法治，相对比于法治宣传，法治维权的实战能够给民众以实实在在的利益保护，这种利益保护的实际收获才是法治认同的最关键性条件。因此，能够为民众提供利益保护，法治有了这种品质，法治认同的关键点也就成为一种现实。法与法治是以国家强制力为实施的后盾的，但绝不能以此作为主要的甚至是唯一的依赖力量，现代法治社会更应当注重人们的自愿遵守和服从，这就要求建立在人们的普遍认同基础之上，利益保护成为法治认同的关键要素。

社会治理正处于不断变革与转型时期，面临着新情况、新问题，比较突出的是人们普遍更关注自己个体的生活，同时传统社会共识少了、共识难度增加，这对于建构法治认同是一种全新的挑战，不能只看作是不利的一面，也必须辩证地看到极为有利的一面。社会共识少了，权威受到挑战，认同难度增加；人们更关心自己的生活表明个体权益愈发受到重视，恰是社会转型时期人们法治意识的觉醒，法治认同面临新的机遇，权益成为构建全社会普遍法治认同的一个至关重要的发力点。因此，法治认同所需要的利益保护还应当具备这些基本特性：①公平性，公平是法治追求的永恒价值，只有公平才能具有普遍性，从哲学角度讲，公平性与普遍性是相得益彰的，公平性奠定普遍认同的坚实基础；②正当性，法与法治所保护的利益必须是正当性的利益，正当性才能具有合理性，只有正当性才能是凝聚普遍共识和认同的合理性基础；③大众性，大众利益应该是良法善治需要特别加以保护的利益，要让每一个社会成员都能感受到法治的阳光，任何一个社会成员都能对事关切身的利益寻求法律的平等保护。建立在公平性、正当性、大众性利益保护的基础之上，当代法治建设的着力点才能具有坚实的群众基础，法治认同的普遍形成才能找准关键点。

（3）培育法治的精神文化是法治认同的本质条件。只有法治制度的认同还不是真正的法治认同，因为这还是只停留在制度层面，没有对法治的精神文化的认同，再好的制度也不会得到有效和全面的实施，再严密的法治制度也会因为缺乏法治的精神文化而得不到认真执行。相反，有了法治的精神文化和价值认同，这是法治建设的灵魂，即使法治制度有许多不尽如人意的地方，也会逐渐走向完善和成熟。

从法治价值的特性和内在排序的角度来看，精神文化价值显然是更加内隐性的，处于相对更高的位阶。毕竟，法治建设的精神文化是属于信仰层面的，能够有效实现制度文化的工具性价值。精神文化是法治文化的核心，法治认同就是要发挥法治精神文化的灵魂统帅，用法治信仰和法治精神这种内在的精神文化来凝聚社会共识。精神文化是一种比物质文化和制度文化更为灵魂式的内在思想要素，人可以没有一定的物质，但不可以没有精神文化，同样，法治更应该注重法治的精神文化认同，在哲学的基本意义上讲，法治的精神文化可以决定和支配法治的制度文化，反过来，却不适用。人们对待法治制度及其案例适用的重大意见分歧，往往是由于各自价值观的重大差异造成的，也就是不同的公平正义观念。价值观也好、公平正义观念也好，其实反映的都是一种法治的时代精神文化。理念相通、价值相同、文化相近、精神一致，这是法治发展的内在核心要素，同时更是法治认同的思想基础和本质条件。

法治的精神文化实质是一种法治的理念、法治的思维和法治的意识形态，是对法治的基本理解和基本看法。法治认同的建构必须以法治的精神文化的培育为核心和根基，没有崇尚法治的基本理念和基本精神，没有彻底的法治思维和法治方式，法治的公平正义将成为空中楼阁，法治的精神文化将成为一句空话。因此，打造共同的法治公平正义观念、培育一种主流的法治意识形态和法治精神文化对于推进当代法治认同具有本质意义。

（4）守法主体的普遍性是法治认同的重要条件。当代法治中国建设的顺利推进需要培育全社会的法治认同，而法治认同的形成与当代法治建设的公平性息息相关，公平性是法治建设的根基，公平性决定着法治认同的真正形成。很难想象，没有公平性的法治会可以形成广泛的法治认同，可以说公平性是法治认同形成和法治建设成功与否的关键所在。而公平性首先强调守法主体的普遍性和平等性，守法主体的普遍性必然成为法治认同的重要条件。换言之，没有守法主体的普遍性和平等性，法治认同是难以达成的。

从主体的角度讲，法治认同首先不是对民众的要求而是对当权者的要求。当权者、公职人员的守法和认同能够对社会民众产生很好的示范效应，从这种意义上讲，当权者、公职人员的守法和认同更具现实意义和重要性。法治权威也好、法律至上也好、宪法至上也好，在法治中国建设的进程中自始至终都会贯穿着权利对于权力的制约和限制，没有运用法治对公权力的约束，法律的一体遵行是不可能实现的。

因此，守法主体的普遍性，尤其是当权者和公权力主体的守法与认同比普通民众的守法与认同更具重要性，对于全体社会成员的法治认同更有影响力和决定性。

（二）当代大学生法治认同的类型

1. 工具性法治认同与价值性法治认同

从社会主体对法治的功能认知的角度，可以把当代大学生的法治认同分为工具性法治认同和价值性法治认同。这种划分方法其实是法哲学上目的性价值和手段性工具划分的展开和演变。法律实用主义倡导一种语境主义和工具主义进路的法律理论，既将法律视为历史的衍生物，又将法律视为实现社会福利的工具。工具性不外乎是表明一种有用性的划分，是浅层次的认识类别。目的性价值其实表明的是一种法治客体对法治主体所担负的社会意义所在，而且大大提升了法治客体的社会地位，体现了对法治价值的一种尊重和认可。

（1）工具性法治认同。从手段性工具角度看，法律具有工具性作用，能够满足一定的实用性目的，公众在对法律良好的价值判断的基础上，对这种工具性作用予以认可和接受，此谓公众工具性法治认同。大学生对法治认同的初级认识就是出于这类工具性认同，往往是出于对法律和法治的直观感受性认同。在传统中，法律的价值更多地体现在有用性上，是一种统治"工具"，人们多是从形而下的角度去理解阐释，大都从规则和制度层面入手，把法律简单化解释成一种上层建筑，而且是一种以国家暴力机器为后盾的强制力，即统治阶级为统治整个社会而制造出来的行为规范。法律的有用性、工具性成为最主要特性，尤其强调法律这种制度规则的合理性仅在于"有利于统治"，是一种自上而下的强制，并没有自下而上的考察民众对法律制度本身是否认可。这种阶级意志论的工具主义正在成为或者即将成为历史形态的工具主义法治认同，代之而起的是一种社会治理形态的工具主义认同。

与此相匹配的是国家管理正在从传统的阶段迈步进入由社会作为国家与个人之间的过渡阶段并且实行自我管理的善治阶段。国家属性有所弱化，管理的社会属性逐渐增强，必然使之失去阶级色彩。在新的过渡阶段或者社会管理阶段，工具主义法治认同将失去其原有的阶级属性，成为社会共同治理的规则与制度，不存在对统治阶级服务和有利的问题，而是对全体社会成员共同有利，为了社会成员绝大部分人的共同利益或公共秩序的需要，不论其是属于掌握政权的统治阶级还是不掌握国家政权的被统治阶级成员，例如空气环境质量方面的法律制度就具有了超脱阶级性的一面，交通公共安全秩序例如航空飞行安全等都属于这一类的法律制度，在这方面社会成员出于公共社会治理的需要而对其有用性产生法治认同，就是区别于前两类传统法律类型的工具主义法治认同。

（2）价值性法治认同。所谓价值性法治认同，是指法或法治因自身能满足社会公众对法治的需求所具有的某些内在属性，诸如公平、正义、人权、自由、程序合理等，公众因善法或良法的属性而对法治产生的认同。如果说工具性法治认同是一种物质层面的认同，价值性法治认同相对来说就是一种精神层面的法治认同，是对法治的内在属性所生成的赞同、认可并发自内心的服从心理。相比较而言，工具性法治认同是一种外显的初级法治认同，价值性法治认同可以看作是一种内在的较高层级的法治认同。

价值性法治认同与公众的知识水平和感受心理能力密切相关，一般而言，公众的知识水平越高或者法律素养越深，价值性法治认同越强烈。价值性法治认同更多的是与社会层面相关联，是那些有能力关注、有头脑关注社会公益事业或者公益诉讼的成员和群体才有可能产生这类法治认同。当代大学都是相对比较开明的高校，培养出来的大学生多数都热爱公益事业、朝气蓬勃，经常热心关爱弱势群体，积极参与社会志愿服务等；加上现在大学对法律课的精心安排或者法治宣传教育都是比较注重的，因此多数大学生是比较容易生成价值性法治认同的，而且一般都会从最初入校时的工具主义法治认同转化提高为价值性法治认同。

另外，综合性大学举办的学术讲座比较密集，很多综合性或者专业性大学的学术氛围还是非常浓厚的，良好的学术氛围对大学生的法治教育和熏陶是非常重要的，特别是一些名校的学者专家和教授们，他们的学术视野开阔，学术兴趣广泛，学术有很强前沿性、高端性。

2. 个体性法治认同与群体性法治认同

大学生正是处于人生成长发展的关键历练时期，往往需要群体的认可，如果不能够附和小群体的观念，往往会被疏远，甚至被边缘化。同时，大学生学习是一个以个体努力为主的活动进程，更多的时候是个体徜徉于书籍的知识海洋，独自探求科学的真理。因此，这种划分的标准和依据在于法治认同的主体不同，同时也受其法治认同主体归属环境的外在影响。

集体权利与个人权利并不能等同于总体与部分在量上的关系，也就是说集体权利不完全由个人权利叠加而成，它们之间是性质上的差异而非量上的不同。同理，群体性法治认同与个体性法治认同之间并非总分关系，群体性法治认同绝不是个体性法治认同的叠加总和，它们之间是法治认同性质上的差异而不是数量关系上的区别。群体性法治认同并非总是优越于个体性法治认同，个体性法治认同也绝不可能完全独立于群体性法治认同，二者既需要运用辩证统一的观点、又需要采取相对独立性的思维，来正确全面地看待分析它们之间的异同点和各自的生成发展。

（1）个体性法治认同。大学生的精神风貌深受社会环境的影响，当代大学生总体上表现出阳光、健康、积极进取的良好状态和精神面貌，他们思维活跃，极其容易接受新鲜事物，对网络的认同度较高。因此不少大学生在现实生活中和网络虚拟世界中的参与度是大为不同的，他们思维敏锐，兴趣广泛，但同时明辨是非的能力相对比而言较差。因此大学生的法治认同，尤其是个体性法治认同极其容易受现实生活中意见领袖的观点影响，甚至是虚拟世界中网络大V①的观点影响。大学生的个体性法治认同绝不能孤立来看待，尽管很多时候，大学生需要慎独、静思，方能学有所获，毕竟学习过程是一个相对独立的进程。当然少部分大学生可能本身就是意见领袖，比较具有号召力，甚至是网络虚拟世界的网络大V，他们的法治认同极有可能影响一批人，完全能够起到表率的作用。

民主法治社会同样需要权威，意见领袖或者网络大V的个体性法治认同就成为一定范围内的"权威性"个体法治认同，因此个体性法治认同又可以细分为权威性个体法治认同与非权威性个体法治认同，同等情况下，权威性个体法治认同要比非权威性法治认同的影响波及面宽泛得多。鉴于权威性个体法治认同的影响力，更进一步讲，权威性个体法治认

---

① 大V是指在新浪、腾讯、网易等微博平台上获得个人认证，拥有众多粉丝的微博用户。由于经过认证的微博用户，在微博昵称后都会附有类似于大写的英语字母"V"的图标，因此，网民将这种经过个人认证并拥有众多粉丝的微博用户称为大"V"。

同完全有可能转化成为某一范围内的群体性法治认同。

（2）群体性法治认同。大学时期，大学生们还是经常会"人以群分"的，彼此之间会逐渐形成一些群体、团体，这是人的社会属性、人与人的交往需要使然。群体或许是没有什么正式组织章程、是一种自发形成的；团体就是一种相对正式的组织，内部是有层级的、有分支架构的，当然这两种性质的人群所形成的群体性法治认同也是具有不同属性的。群体中的人会形成多数人的法治认同观点，往往是凭借了每个人的个人魅力和思想性、说服力而影响他人；团体中的人也有可能形成多数人较为一致的法治认同观点，但在团体中会变得复杂起来，因为内部层级关系，上级人士的观点有可能因为级别关系而压制了下级人士的认同观点，更为强势团体的内部，也极有可能是少数人的认同观点俨然成为整个团体的认同观点。

新媒体时代网络传播手段的便捷迅速，群体性法治认同观点会持续发酵，遥相呼应的群体性认同观点甚至会左右社会民众的视听真相，因此现代社会特别注重权威、及时、客观发布，以正视听。

人类社会的发展和进步是一个人的主体地位逐步得到凸显和人的主体性逐步得到张扬的过程。在群体性法治认同的生成过程中，群体或团体内部人的主体地位越得以张扬，代表群体或团体成员的法治认同主流观点越容易形成，而且越符合社会实际情形。这正是民主所形成的共识性内容，架构起法治认同生成的逻辑进程。以语言为基础的交流和对话，主张以"主体间性结构"或"主体—主体"结构取代"主体—客体"结构，意在张扬人的主体属性，充分尊重人的个性和表达，形成畅通、民主的交流机制，便于群体或团体成员之间充分酝酿，使符合现实民情和实际法情的法治认同得以生成，并得到传播与张扬。

主流性群体法治认同的生成，能够有效引领社会舆情，使广大民众能够正确认识社会突发事件。这正是法治社会所必须理性的体现，对于今天我们实施依法治国具有重要的现实意义。

3. 消极性法治认同与积极性法治认同

从法治实践来看，我们的守法观经历了从以服从为中心的消极守法观到以维权为中心的有限积极守法观的变迁，并已经有了朝以护法为中心的全新积极守法观进化的趋势。依据守法观，可以将法治认同分为消极性法治认同和积极性法治认同，而积极性法治认同又可以分为维权性有限积极法治认同和护法性积极法治认同。

（1）消极性法治认同。一般而言，谈到消极性法治认同，主要是指服从法律，不论内心是否存有对法律的抵触，最起码不去实施破坏法律和法治的行为。其名曰消极服从，甚至是带有一种被压制、震慑之后的屈从和隐忍，当然也可能是比较平和的遵规守纪，根本谈不上抵触不抵触，只是觉得应该服从法律和法治。消极性法治认同是一种公民义务的履行，或许绝大部分公民就是处于这种层面和心理去服从法律、认同法治。

消极性法治认同实际上是一种客体本位的法治认同，民众没有把自己作为法治建设的主体，这是一种初级形式的法治认同。同时，消极性法治认同还是一种义务为本位的法治认同，持有这种认同观点的民众沿袭着传统的法治文化，把守法作为公民的基本义务，限于完成一个公民应尽的基本道德和法律义务而已。消极性法治认同者存有一种侥幸心理，违法可以获取额外的非法利益，体现的是传统人治社会对权力的追逐和对法律法治的蔑视与抵触。

消极性守法观是将法律作为一种单纯的义务和命令来看待。命令总是能体现出发出命令者和被要求服从命令者之间的对抗，对抗的结局自然是能逃脱就会尽可能逃脱，只要能逃脱严厉的惩罚就不会认真遵守法律，甚至不惜以"甘愿""自愿"受罚的方式去获取巨额经济利益。其实，很多大学生也是对法治持有这种心态的，他们天然就觉得管理者与被管理者之间具有不可调和的对抗性，自己是法治客体，是法治受众，缺乏一种主动参与性。原因在于针对大学生的传统法治宣传教育中，始终在强调守法，强调做守法有纪律的公民，存在着忽视权利主体的倾向性。

总之，消极性法治认同缺乏主体性价值认同，是一种最低限度的守法性认同，是以义务为本位的被动性法治认同，在实施依法治国、建设法治社会、实现中华民族伟大复兴的今天，仅有消极性法治认同显然远不能适应法治中国建设发展的实践要求。

（2）积极性法治认同。所谓积极性法治认同是从公民的主体性角度来讲的，公民对法治持有一种主动参与意识，以维护公民权利为中心，通过运用法治方式、参与法治实践，达到对法治的高度认可并内化为一种内心信念，从而驱动人们积极遵守法律和依法办事，并实践于指导个人行为和社会行为的实施之中。积极性法治认同是一种权力中心、主体本位的较高层级法治认同，已经摆脱了义务性、客体性特色，以积极维权为内在动机推动其主动参与当前法治实践的特性成为这类法治认同的主要特质。

（三）当代大学生法治认同的影响因素

作为一种社会性现象，大学生法治认同受多种社会因素的综合影响，但最主要的不外乎是政治、经济和文化这样三大基本方面的构成要素，是他们之间的交互影响推动着大学生法治认同的生成。

1. 经济影响因素

当代大学生法治认同的经济影响因素，既包括由社会主义经济基础的决定性经济影响因素，也包括直接影响当代大学生法治认同的现实经济因素，几种经济因素之间相互交织，共同作用于当代大学生法治认同的生成。

（1）社会主义市场经济基础是当代大学生法治认同的决定性经济因素。大学生法治认同本质上属于一种法治文化认同和思想政治教育认同，是政治上层建筑的一部分，必定会遵循经济学中关于经济基础和上层建筑关系的基本原理。因此，当代中国的法治认同，明显地受到经济基础的决定性影响，尤其是受到市场经济基础的决定。市场经济是法治经济，一切经济活动要在社会主义法治的范围内运行，法治是保障市场经济正常运行的制度化保障；市场经济还是权利经济，市场主体享有充分的经济自由权利，权利成为市场经济的基本元素。

中国的经济发展稳健持续，富有后劲，充满着自信，当代中国的法治认同生成也是充满着朝气和活力，法治建设迅速而富有成效。当然，中国的经济发展也不是一帆风顺的，理论界对中国经济的发展预期和发展状态同时存在着两种相反的论调，即："中国模式、中国奇迹"和"中国悲观、中国崩溃论"。在法治认同生成方面同样会打上这样的烙印，也是同时存在着两种性质差别较大的法治认同，即：对法治的高度认同和对法治的抵触悲观。

当代大学生的法治认同生成深深地打上了时代经济烙印，也是高度认同与悲观质疑并存。当然高度认同还是主流声音，尽管存在着一定程度上的悲观质疑和不信任，但是对当代中国法治，大学生们还是有着较高的认同度的，尤其是对未来中国法治的不断完善和进步方面更是有着较为自信的高度认同，这就是表现在法治文化和思想政治教育领域的法治认同的现状。当代中国法治建设有雄厚的经济基础作支撑，同时，又有良好的政治环境和时代契机，当代大学生的法治认同生成有着坚实厚重的理论基础为依据，对此，我们完全有理由相信大学生们对当代中国法治的高度认同是正确的、科学的。

（2）当代大学生法治认同的根本前提是利益保护。我们必须使法治认同是一种利益上的召唤。人类的社会实践活动总是脱离不了利益的推动，我们完全有理由相信利益是一种推动力。市场经济的发展使得人们心中的天平向利益倾斜，很多人开始习惯于用经济手段去解决社会问题。法治建设的根本任务应该是对于社会中的人们进行利益保护，并以此成为让人们服从法律和认同法治的根本前提。

法治与经济历来是息息相关的。例如，作为基本常识，法律通常会在其规范性的制度规定中，给人们以某种经济利益的可期待性，而且这种可期待的经济利益是可以明确预见到的，理性人总是通过理性的方式进行着理性的计算，当然也可能因为经济利益的诱惑性而失去理性，最终还要有理性的法治去规制。法律能够通过其有关于经济利益的可预见性规定引导着民众的行为朝着符合理性规定的方向迈进，根本原因在于社会生活中的物质利益无处不在，利益成为一个社会生活的重要基础性元素。法律规范中极其吸引民众注意力的一个最重要基础概念是"权利"，权利通常解释就是人们享有某种利益的可能性，公民具有某种权利，通常就意味着具备享有某种利益的资格。可见，法律中的"权"是与"利益"紧密相关的。所以，法治核心问题还是认真看待权利的问题。我们不但要养成法治思维，而且还要养成经济法治思维，我们要学会运用法治思维，而且要特别注意运用经济法治思维去思考当代大学生的法治认同及其生成问题。

法律在社会生活中发生作用的方式是规定"可计算性"和"可预见性"的利益，从而引导规范着人们的社会行为。同样，当代大学生的法治认同是建立在法律和良法之治对他们合法利益的充分而正当性的保护基础之上的。

2. 政治影响因素

大学生的法治认同受当代和传统政治因素影响较深，尤其是当前主流法治意识形态决定着大学生法治认同问题的基本状况。建设法治中国就成为当代中国的主流法治意识形态。中国是一个有着五千年文明传统的多民族国家，中国的传统追求是大一统，中国各民族人民历来就有强烈的政治向心力，以泱泱大国为自豪，以爱我中华为无上光荣。政治向心力的产生是与多元统一的中国国情相适应的。这种强烈的政治向心力对当代中国主流意识形态的形成、对于当代大学生法治认同的生成都有着极为有利的促进作用。

（1）党和法治的关系对当代大学生法治认同的影响。关于党和法治的关系问题实质就是解决党的领导和依法治国、依法执政的关系问题，党的本质是政治组织，而法的本质是行为规则，两者性质不同。

党和法治的关系是一种高度统一的关系，二者不能割裂开来，我们要始终坚持用当代中国的这一主流法治意识形态去感染教育大学生群体。只有这种重大基本理论问题搞清楚，法治中国建设的社会实践才能一以贯之的执行下去。因此，在大学生思想政治教育过程中，要理直气壮地讲，要坚持不懈地宣传，要大张旗鼓地贯彻，增强当代大学生坚持走法治道路的自信心。这是一个关乎政治方向的大问题，这是一个直接决定当代大学生法治认同生成的基本问题，这是依法治国、建设法治中国的战略灵魂问题，我们应该始终高度重视，以法治中国这面大旗来凝聚人心，重塑政府和社会权威，建设现代民主法治中国。

（2）法治中国建设的反腐实践对当代大学生法治认同的影响。法治中国建设的反腐实践对于广大的民众而言就是一种"看得见的正义"，法治中国建设的反腐实践持续推进。此处"没有一定之规"并不是说反腐没有遵循规则和规矩，恰恰相反，意在指法治中国反腐实践没有人为禁区，不按照人治思维的所谓"常理"出牌，呈现出打破常规、坚决反腐的决心，向世人展示了法治反腐的新气象。法治中国建设的反腐实践使人们相信是在实行那种以"法律的统治"为内容的真法治。法治中国建设的反腐实践是最好的教科书，是最生动的思想政治教育课堂，对当代大学生的法治认同具有最直接的重要影响，极为有力地促进了当代大学生法治认同的生成。

3. 文化影响因素

当代大学生法治认同除了受上述经济基础、政治因素的影响作用之外，作为一种文化心理现象，作为一种主体思维活动，法治认同更要受主体自身的理性所左右，这是一种内在的权衡和选择。大学生法治认同生成的过程同时就是法治主体的理性思维和权衡的过程。

大学生是一个朝气蓬勃的群体，他们的世界观、人生观处在一个尚未定型的阶段，极易受到外界的影响。他们在寻找自己人生的定位并规划自己的未来蓝图，他们最需要理性也比较缺乏理性，虽然他们拥有知识也富于开拓精神，但毕竟阅历浅、经验少，这些恰恰正是理性所需要的重要基础。大学生最愿意结交良师益友，其实是需要人生导师，他们更愿意寻找人生中的贵人，希望相提相携；他们需要与人畅谈，愿意接受教诲，他们更愿意寻求理由论证，进行理性权衡，服从理性权威，进而可以走向成功的殿堂。当代大学生易于服从权威，但他们会追寻理由论证，绝不是盲目服从，在这种场合发挥作用的，是一股比较强烈的力量，是一种比较有力量的动机。国家在追寻民族复兴的伟大梦想，大学生在与时代共奋进中实现个人的美好蓝图和愿景，追寻成功的强大动力使大学生在从事着正当性和应然的理性选择，法治成为一种最佳答案，法治同时也是国家的理性选择。

作为对人类行为具有指引和规制效力的规范，法与单纯的暴力威胁或权力命令之间的首要区别，即在于法的权威生成于某种说理或论证机制。这种理性权衡的论证过程会涉及伦理价值与道德的判断，要遵循社会意识形态和主流传统文化的要求。只有通过不断的说理与论证，才能够使法深入到理性的结构中，使公民对法的正当性产生确信和认同。现代民主型法治的生活状态下，人们不受任何非理性的强力所控制，一切对自身的抑制都充满了合理性。所以，大学生的法治认同是一个主体内在权衡、理由论证的结果。

当代大学生法治认同的基本机理，在于法治认同是一种社会现象，而且是一种心理文化层面的社会现象，必然受到现实社会中各种因素的制约与影响，仍然必须遵循事物发展的一般历史规律。当代大学生法治认同问题要对大学生法治认同的主要影响因素做一深入系统的分析，当代大学生的法治认同首先要受社会主义市场经济发展阶段的经济因素制约，毕竟经济基础具有决定性影响，对大学生自身利益的切实有力保护是培育大学生法治认同的根本前提，利益保护是大学生自身实践法治的肇始和原动力。大学生法治认同还受到现实政治诸因素的重大影响，毕竟在现实和制度设计中，政治是要挂帅的。从这种意义上讲，经济因素虽然是决定性的影响，但政治因素更是刚性制约，甚至在某种意义上讲，政治因素是显性因素，必须表明政治立场，而经济因素是隐形因素，在政治因素面前，非决定意义的经济因素可以退而求其次。

当代大学生的法治认同还绝不能忽视主体自身的能动性，主体是人的因素，主体自身的理性选择与权衡占据着主动权，因此要对大学生创设各种情形、进行积极引导，充分发挥他们自身理性权衡的积极效用，更好的培育大学生的法治认同。

二、当代大学生法治认同的时代价值

法治是一种理性选择，是一种现代社会、现代国家和现代政府的标签和底色。法治既属于法学理论更属于政治学理论，中国的法治建设进程与西方式的民主化是不同的。"大学生是未来中国法治建设的主力军，法治教育应成为高校思想政治教育中的一项重要任务。"[①] 未来几十年里，围绕依法治国、法治建设这个中心开展各项工作，尤其是大学生思想政治教育工作从法治建设视角展开成为一个时代话题。

（一）法治建设的精神底蕴

思想政治教育以特定文化成果的传递、传播、践行等为基本载体，是逐渐彰显人的社会属性和政治属性的基本历程，在这个过程中，文化认同与其他方面的认同相比，其重要性显著增强。文化认同地位的强化和提升是当代社会政治经济的发展进步与现代化升级促成的，是国家和民族提升实力、提升国际国内形象的内在需求。法治建设与法治教育是大学生思想政治教育中的一项重要内容，是用法治文化化人的重要机制，是适应法治中国建设的现实和未来需求的重要一环。法治认同是文化认同的一个具体实现，法治认同因文化认同的重要而日益凸显出来。

---

① 郑亚娟，王忠东. 大学生法治教育研究 [J]. 黑龙江教育（理论与实践），2020（10）：25.

今日，法律秩序成为一种最重要、最有效的社会控制形式。法律与道德从来不可能截然区别开来，二者从混沌到分离再到法律覆盖道德领域的近代发展历程，也凸显了法律与法治成为当代社会治理有效手段的重要性。法治成为一种普遍的选择，教育中针对大学生的法治宣传教育和法治认同教育也提上重要日程。

法治化办学已经取得重大进展，在依法治国的宏大法治背景下，高校法治建设正在步入黄金发展时期，大学生不能将自己置于法治社会建设和发展的历史洪流之外，大学生的法治认同就越发成为一种文化建设的精神底蕴，因为诸如大学生的思想教育等道德领域也是不能孤立于法治建设之外。大学生的今日法治认同是对依法治国方略的一种价值认同、一种伦理认同、一种情感认同、还是一种政治认同，不但决定了大学生自身的健康茁壮成长，在某种程度上还决定着法治建设进程的方向与速度及其成败问题。人是法治中国建设的首要力量，人的思想更是有无穷力量，法治认同正是这样一种有着无穷力量的文化精神和思想根基。

文化具有的内在价值观能引导民众。法治文化所具有的内在价值观如公正、平等、正义、民主、自由等，这些概念能够比较朴素的武装大学生的头脑，使他们坚信法治、坚信民主，当然就能使他们充满阳光、充满正能量。法治认同使大学生们产生对法律和法治的信赖与服从，这是发自于内心的服从认可，能自觉引导他们的行为，引导他们规划未来、设计人生，做一个对他人对社会有益的人。同理，因为有了高度法治认同这样的文化精神底蕴，我们的法治中国建设也才会有了现实和未来的、强大而坚实的后备人才力量支持，也才能使法治中国建设的软实力得到迅速提升。

（二）法治运行的内在动力

态度、价值观和信念，有时笼统地称之为"文化"，在人类社会的发展过程中起着非常重要的助推作用。这种作用相对比于外在强制力而言是一种内在精神动力，精神动力也绝不是可有可无的，在某种程度或者意义上讲甚至就是一种起决定作用的力量。精神动力是法治正常运行的社会心理基础，而它正是来自人们对法治的认同态度。

在依法治国方略实施的今天，在建设法治中国的当代进程中，身处象牙塔和社会顶层蓝图之中的大学生们，他们足以影响我们今天的法治建设进程，他们的法治认同可以全面而深刻地反映整个社会的法治认同状况，也足以引领整个社会法治认同的风向标。大学生们的精神、信念、认同也就成为我们研究的重点对象，因为他们最富于活力、最富于创造性，他们可以将活力激发、创造出巨大的社会推动力和实实在在的社会生产力。

青春就是活力、青春就是能量、青春就是创造力、青春就是爆发力。如果不能好好挖掘和利用这种能量，就必然使之成为社会发展的羁绊和阻力。这种动力或阻力是内在的，也可以随时转化为现实的、外在的。法治认同恰恰就可以起到疏导、引导、规制、规范的作用，使大学生们的这种内在力量成为我们国家法治建设、法治运行的内在不竭动力。法治认同可以使大学生们对依法治国产生强烈的信赖、归属感，从而吸引他们积极投身法治中国的建设活动中来，成为推动法治运行的强大内在动力。这种内在动力是发自内心的一种主动性、一种积极性，符合了事物发展的方向和一般性规律，必然成为法治运行的一种可持续性的内在动力。

当代大学生的法治认同是法治中国运行的社会动力源泉，培育大学生的法治精神和法治认同，是提升当今文化软实力重要途径。公民要养成法治社会和遵守法治所必需的法律意识，也就是培养公民对法治的一种内在认同和接受。法治认同可以被看作是法律认同的升级版，如果一定要做理论研究上的细致区分话，也可以把法律认同作为法治认同的其中一个层面，法治认同包括对法治外在表现——法律的认同和对法治精神（或价值）的认同。法治认同正是建立在公民对法律的尊重、对法治的赞同、认可与追求的基础之上，正是一种内在的法治思维和法治意识的体现。

法治认同之所以是一种精神动力，就是因为法治认同是属于精神意识层面的范畴，精神意识在社会实践中的能动性从来是不能忽视的，同样的道理，法治认同在法治建设中的能动性也是绝不能轻易忽视的。民众只有认同法治，才能接受与服从法治；民众只有高度认同法治，才能心悦诚服的遵守、服从法治；民众只有高度的认同法治，法治中国的社会建构才能充分调动起全体民众的最大积极性。

大学本身就是一个小社会，法治中国运行的重要社会动力源泉之一就是大学生的法治认同。大学也是整个社会的晴雨表之一，大学生深受社会的风气影响，大学生法治认同的培育和生成也是法治社会建设的重要内容之一。大学生的法治认同成为推动法治中国建设和运行的主要社会动力源泉，最直接的途径就是大学生参与法治实践向社会传播正能量，身体力行维护当代中国法治社会的健康运行和不断完善成熟。大学生是最富有创造力、最具有能动性和最蕴含热情的群体，大学生的法治意识和法治认同最直接的体现就是我国社会文化软实力的标志性水准之一。同时，大学生源源不断地被输送到社会这个广阔的大舞台中去，充实到社会各行各业当中去成为建设法治社会的生力军，当代大学生的法治认同成为整个社会持续性的发展动力。

大学生受到学校和社会的教育、熏陶，同时，大学生也会以自身的涵养与能力影响着社会，二者是交互影响的，更重要的是，大学生是最易于接受新理念和代表社会发展趋势的新事物，也是最渴望法治保障促其在社会中创业发展的群体。从根本上讲，法治认同属于内在心理意识，体现的是人们如何处理社会关系和怎样实施社会行为的个体态度。大学生信法、认同法治既有来自外在的强制力，也有来自一种文化心理使然，而且后者这种文化心理态度比前者更具有持久效力和内在保障力。因此，大学生的法治认同是法治中国建设的重要内在社会动力源泉，缺少了大学生的法治认同，法治中国建设的运行将会动力不足，以至于会呈现后继乏人的不利局面。

（三）依法治国的政治共识

要实现中华民族的伟大复兴，必须努力建设适应时代要求、符合中华民族文化优良传统、能够满足广大人民群众积极健康的精神文化需求、体现大国风范的中国特色社会主义文化，使中国文化走在世界的前列。中国特色社会主义的依法治国需要这样的中国文化作为支撑，这是一种立足国情的自信、一种放眼世界的情怀、一种大国风范的共识。

在今天的法治中国建设进程中，法治认同的法治文化成为主流文化，宪法至上和法治成为共识。只有走法治道路、行法治建设，贯彻实施依法治国的伟大战略，才能顺应历史发展的洪流、才能实现国家的长治久安。大学生一直以来就是最积极响应党的号召的优秀群体，依法治国的这个政治共识很快得到了大学生的广泛响应，他们广泛宣传宪法知识和国家宪法日，走进社区、居委、城镇和乡村宣传依法治国、提供法律服务，法治建设成为思想政治教育的最具时代魅力、最为鲜活的教科书。在实施依法治国方略、进行法治建设征程中，大学生思想教育适时调整教育的具体方向和育人重点，人文专业尤其应该以培养具有法治思维、能运用法治方式、适应依法治国方略的青年政治人才作为己任，培养出的合格建设人才要成为懂经济、会管理、涵括人文素养和法治能力的应用型实务人才，以此向依法治国的共识性治国方略交上合格答卷。

大学生法治认同以依法治国的政治共识为根本统领，同时，大学生法治认同将能够使依法治国的政治共识有更为坚定的追随者、执行者、贯彻者和实践者，能够将依法治国这一共识性治国方略付诸到法治中国和法治社会建设的具体实践运行中去，成为大学生思想政治教育的最重要的践行内容。法治是今日中国所做出的历史性不二选择，依法治国恰恰体现了中国共产党人站在历史的高度上做出的最正确的抉择。当前对于我们正在进行的社会主义建设而言，法治更具有紧迫性、重要性、根本性。当代大学生的法治认同将具有时代主题背景下更为深刻的政治含义，更能凸显依法治国的政治共识。

　　总之，在依法治国的宏大历史背景下，政治家、法学家、教育家们和全体民众一起，已经达成了一种历史的共识，宪法和法治是社会中的重要共识和有力支柱。大学生是全社会法治认同的重要主体，同理，当代大学生的法治认同是当代社会法治建设的重要精神底蕴，是当代中国社会文化软实力建设的重要保障，是当前法治运行的内在稳定持续动力，更是对依法治国政治共识的高度践行；大学生的法治认同对于大学生思想政治教育的重要性已经凸显出来，并将承担起凝聚共识、塑造权威、引领方向的历史重任，发挥出无与伦比的重要思想价值。

第二章　当代大学生法治教育意识的培育

第一节　法治与法治意识

一、法治

法治作为政治文明发展到一定阶段的产物，在社会发展中起着重要作用。经过历史和实践的发展，法治已经成为当今世界诸多国家治国理政的基本方式，主要包含以下三方面的内涵：

第一，法治被当作治理国家的方式或手段。"法治"提供了一种理性的治国方式，强调通过法律来治理国家，它避免了由"人治"带来的权力的肆意妄为，促进国家治理更加民主化、制度化、法律化。

第二，法治是依照法律办事。法律一旦被制定，就应该严格执行，所有社会成员都要遵守法律并受到法律的约束，遵循法律原则办事。这是法治的精髓，也是法治的重要标志。

第三，法治是一种良性的社会状态。法治提供了完备良好的制度保证，在这种状态下，社会能够保持和谐稳定的发展，社会成员和社会各个组织能够遵循法律办事，自觉维护法律，人们的权益也能有法律作保障，整个社会井然有序，和谐发展。

二、法治意识

（一）法治意识的内涵

意识是人脑关于客观物质世界的反映，法治意识则是由当今社会的各种客观条件所决定的，主要包含以下内涵：

第一，法治意识的认识对象为法治，是人们对于法治理念的态度，人们认可法治在社会中的作用以及存在的必要性，并且认同和遵守法治的各项要求。

第二，法治意识是法律意识的高级状态。法治意识不仅要求人们遵守法律，还要在重视和践行法律至上、程序正当、权力制约等原则的基础上信仰法律、崇尚法律。

第三，法治意识的价值取向是好的，即良法善治。

（二）法治意识的组成

1. 权利意识

权利意识是特定的社会成员对自我利益和自由的认知、主张和要求，以及对他人认知、主张和要求的社会评价。随着公民权利意识的提高，人们对于法律的认知、运用以及对待法律的态度也会随之改变。公民要了解权利的界限，要明确权利必须在宪法和法律的范围内行使，同时也不能违背社会道德和规则，只有这样才能更好地行使自己的权利，进而尊重并维护他人和社会的权利。除此之外，人们还要明确权利和义务的关系，二者是对等的，不允许有只行使权利而不履行义务的行为，也不能允许权利无法实现的事情发生，因此在培养过程中要注意权利和义务的平衡和统一。

2. 守法意识

法律的实施不仅需要依靠强制力作保障，还需要人们内心真正的遵从，也就是需要依靠个体的守法意识来支撑。守法意识要求人们具备自觉遵守法律的意识以及能够按照法律的要求行动的意识。守法意识还要求人们在违反法律时要有自觉接受惩罚的意识，要为自身行为负责。只有具备了守法意识才使得法律法规真正进入了人的内心，从而使人们从内心真正的尊重法律、遵守法律。

3. 宪法意识

宪法意识是人们关于宪法的思想、观点、知识和心理的统称。宪法作为我国的根本大法，是最高行为准则。我国进入了新时代，在这样的时代条件下，社会主义法治国家的建设更加凸显了宪法意识的重要性。宪法意识不仅要求人们掌握宪法的基本知识，明确宪法的功能、作用和原则等，还要尊重维护宪法。在法治教育中要注重宪法意识的养成，提高人们运用宪法思考问题的能力，弘扬宪法精神。人们宪法意识的提高对于能够推动宪法的实施和社会主义法治建设。

4. 法治思维

法治思维是指以法治价值和法治精神为导向，运用法律原则、法律规则、法律方法思考和处理问题的思维模式。法治思维是在了解法律、运用法律的过程中形成的一种思维方式。"大学生树立和运用法治思维有着很强的必要性和意义。"[①] 法治思维要求人们崇尚并尊重法治，自觉维护法治，在思考和判断问题时以法律为准绳，树立法治理念和法治精神，还要树立运用法律方式思考、解决问题和维护自身以及他人权利的意识。

5. 法治信仰

法治信仰是人们对于法律秩序内含的伦理价值的认可以及对于法治的信任和尊崇。法治信仰对于国家而言，是维护国家统治秩序和建设法治国家的重要精神动力，对于个人而言，法治信仰能够使人们信任法律进而运用法律维护自身的合法权益。法治信仰缺失，会影响法治的实施，法治的各个环节在实现起来就难以达到最佳效果。因此，法治信仰作为法治意识构成的因素之一，需要帮助人们树立遵循法律办事的意识，还要学会运用法律的方式思考和看待问题，当法治遭到破坏或不信任时要主动维护法律。

（三）法治意识的提升

1. 提升法治意识的方向

（1）扩展大学生的法律知识。一个人掌握法律知识的多少在一定程度上能够反映出他法治意识水平的高低。因而，丰富大学生的法律知识、完善大学生的法律知识体系是提升当代大学生法治意识过程中的重要环节。

第一，普及基础法律知识。掌握基本的法律常识应该是经受过高等教育的大学生必备的综合能力之一，只有认识法律、了解法律才能遵守法律、不违反法律。通过"思想道德修养与法律基础"课堂或者法律选修课，向学生讲授一些法律的基础性知识，比如民法、刑法、社会法、行政法等部门法的大概内容，让大学生了解各部门法具体都涉及生活的哪些方面、对于他们的日常行为都有哪些规范。向大学生介绍申诉、诉讼、仲裁、协商等维权途径来维护他们的合法权益，这样在日后遇到问题时就能够清楚地意识到可以通过哪些维权途径来解决问题，避免在遭遇问题时不知道如何维权这种情况的发生。另外，也要加强对大学生现实生活中可能涉及法律知识的讲授，有很多法律条款和法律知识都是与大学生日后的工作、生活密切相关的，比如《中华人民共和国劳动法》当中对于劳动者享有取得劳动报酬、休息休假、获得劳动安全卫生保护的权利的规定就与大学生的兼职、就业息息相关，《中华人民共和国消费者权益保护法》中的相关规定更是大学生消费遇到问题时

[①]　薛惠. 论法治思维在大学生群体中的培树［J］. 华北电力大学学报（社会科学版），2022（03）：126.

积极维护权益的理论依据。

第二，丰富与大学生专业相关的法律知识。法律知识不仅仅是基础性的法律常识，还包括与专业相关的法律知识。专业相关法律知识就是与大学生所学专业和走入社会后选择从事的行业密切相关的法律知识。专业相关的法律知识也是法治国家建设、提升大学生法治意识不容忽视的重要一环。向师范专业的大学生介绍《中华人民共和国教育法》《中华人民共和国教师法》等相关知识，这有利于他们具备较高的职业素养，避免出现收礼、体罚学生的违规行为，推动他们成为一名专业、优秀的人民教师。向食品专业的学生宣传《中华人民共和国食品安全法》，有利于帮他们养成良好的专业素养，这为他们他日后从事食品质量检测、食品开发等工作奠定了坚实的法律基础。专业相关法律知识的学习不仅可以提高大学生的专业素质，帮助大学生在走入社会后更顺利的工作和生活，更是提升大学生法治意识的重要条件。

（2）强化大学生的守法意识。守法是社会主义法治建设的重要环节，大学生作为国家栋梁、民族希望，强化他们的守法意识更是尤为重要。

第一，及时纠正大学生的违纪行为。遵守校规校纪是大学生守法意识的一个重要内容。进入大学后，部分大学生开始无故逃课、寝室聚众吸烟喝酒、使用违规电器、替考作弊，若这些违规行为没有被及时发现、纠正，大学生很容易产生侥幸心理，忽视守法意识的重要性，不断违反学校规定，久而久之大学生可能就会从违反校规校纪转变为违法犯罪。因此，及时纠正违纪行为是强化大学生守法意识的重要方向，高校的辅导员、相关管理人员要通过对课堂出勤的考察、寝室违规电器的检查、考试纪律的监督等措施对有违纪行为的大学生进行及时纠正、教育。可以通过对他们进行适当的批评教育、适度的惩罚，让他们对自己违反校规的行为进行反思，引起他们对遵守规定的重视，教育他们要遵守校规校纪，进而上升到要遵守法律法规。引导他们在生活点滴中养成良好的遵守校规、法规的习惯，在无形中强化他们的守法意识。

第二，充分调动大学生守法意识的主动性。大部分大学生都能够做到遵守法律，但是在这些大学生守法行为的背后，却隐藏着不同的守法原因。一些学生并不是因为法律的权威性去选择发自内心地主动遵守法律，而是因为学校、家庭告诫他们不能做违法乱纪的事、触犯法律会受到严重的惩罚。因此要充分调动大学生守法意识的主动性，让他们认识到他们是法律的主人、是守法的主体，而不是被动守法的客体，变他律为自律、变被迫为自愿，树立守法光荣、违法可耻的观念，让他们成为积极的、主动的守法者。在这种状态下形成的守法意识对大学生行为的约束将是持久的、有效的，当代大学生是未来社会建设的中坚力量也是全社会成员中素质水平较高的群体，大学生守法意识的提升为全民守法的践行起到了良好的示范作用，为社会秩序的稳定和繁荣发展奠定良好的基础。

（3）增强大学生的法治观念。让法治观念在人们心中牢固树立起来，是新时代中国特色社会主义法治建设的一项重要内容。大学生法治观念的正确树立关系着大学生世界观、人生观和价值观的正确形成，是提升大学生法治意识的重要一环，有助于促进大学生全面发展。

第一，树立正确的法治观念。学校的任务不仅仅是需要让大学生遵守法律、不做违法乱纪的事，更要注重帮助大学生树立正确的法治观念。要让大学生了解法律至上、尊重他人权利、法律面前人人平等观念，让他们知道作为社会的主体在法律面前并不是只有一味地被动遵守，他们可以积极参与校园建设、社会法治建设、监督权力的运行。让大学生变被动守法为主动用法，能够充分调动他们的积极性和主动性，只有他们从意识层面上形成对法治的正确认知，将尊法学法守法用法护法的观念融入世界观、人生观、价值观之中，才能进一步落实到行动上来，自觉将法律规范作为学习、生活的准则。

第二，把法治观念转化成行动。法治观念只有在实践中落实才能够真正印记在人们的心中。要让法治观念在大学生心中得到强化、不会轻易受到外界影响发生变动，就要把法治观念转化为实际行动。如组织学生参加假期法律实践活动，由专业法律教师带队为偏远地区的村民进行法律援助，让学生在帮助村民用法律解决问题的过程中，也提升了自己用法解决问题的能力，把法治观念真正的落实为实际行动。实践对认识具有反作用，一系列的法律实践活动让尊重他人权利、按规则办事等正确的法治观念深入内心并内化为大学生对自己的要求，使法治观念不断得到强化，从而有利于提升大学生的法治意识。

2. 提升法治意识的方法

行之有效的教学方法有助于教学目标的顺利实现，有助于大学生法治意识的有效提升。改变一味地老师讲、学生听的传统教学方式对于提升大学生法治意识至关重要，只有充分调动学生对法律的热情，改进提升法治意识的方法，才能更好地提高教学效果，激发大学生提升自身法治意识的积极性和主动性。

（1）问题导向法。问题导向法就是始终以大学生法治意识存在的问题为中心，通过对现存问题的分析、寻找原因、提出解决措施最终使大学生树立正确的法治观念、拥有坚定的法治信仰，进而使法治意识得以提升的方法。问题导向法比以往的命令式方法更容易让大学生直面自身存在的问题，更容易接受校园开展的法治教育活动。

第一，展示共性问题。目前，部分大学生存在着法律规范认知模糊、法治信仰不坚定、法治思维薄弱、法治参与意识较低等共性问题，要针对这些问题逐一进行分析并提出相应的解决对策。例如，针对大学生法律知识薄弱的问题可以通过举办法律知识竞赛、法律热点问题辩论赛、法律知识宣讲团等活动，让大学生在参与活动的过程中深化对法律知识的记忆。通过在课堂上与学生共同分析、探讨大学生违法犯罪的典型案件，剖析这些违法犯罪大学生存在的共性问题，将这些共性问题汇总，让同学能直观地认识到自己法治意识存在的不足之处。能让他们知道哪些行为可取、哪些行为不可取，在日后遇到类似情况时该如何应对，从而能规避一些不必要的麻烦。

第二，分析个性问题。共性寓于个性之中，并通过个性而存在，任何一个事物都是共性和个性的统一体。要想全面的了解大学生法治意识存在的问题，需要坚持共性与个性相统一，既要剖析大学生存在的共性问题，又不能忽视个性问题。我们要因地制宜，对不同性格以及不同成长环境的学生采取多样的教育方法，加强对大学生进行心理健康教育，及时发现问题、认真解决问题，从而能有效应对大学生法治意识出现的个性问题，切实提高高校提升大学生法治意识的实效性。

（2）警示教育法。警示教育法就是通过利用大学生违法犯罪典型案例的隐性教育力量，引起大学生的反思，增强大学生对法治的认同感、坚定法治信仰从而提升大学生法治意识的一种方法。警示教育法可以将抽象的法治意识具体化、形象化，以真实具体的反面案例警示大学生，具有极大的震慑力和说服力。

第一，高校教师要以案说法。教师要科学的利用负面案例，通过组织学生观看违法犯罪纪录片、交通事故警示片等，让大学生认识到违法犯罪害人害己、后果严重，培养大学生对法律的敬畏感，从而用法律主动约束自己的言行举止，不触碰法律红线。逃避法律惩罚的侥幸心理、忽视法律的权威性、无视他人的生命等行为，是缺乏基本法治观念和法治意识的表现。因而，高校教师就需要通过这些违法犯罪的典型案例来教育其他大学生，让大学生引以为鉴，不要以身试法。

第二，邀请警察、法官现身说法。高校可以定期邀请警察、法官进校园为在校大学生讲述他们处理过的大学生违法犯罪案例。从专业的角度对这些大学生违法犯罪行为以及背后的原因进行分析、并提醒大学生违法犯罪要承担什么样的严重后果，对学生起到一个震慑性的作用。通过阐述法律知识薄弱、思想极端、遇事冲动以及守法意识低可能会造成的问题，再为他们提出面对不同问题时大学生该如何做出正确、理智的具体措施，来帮助他们增强自己的守法意识和实践经验。警察、法官进校园不仅达到了法治宣传的效果，大学生也能得到一次真实的法治教育，通过对这些反面案例的真实展现，能对大学生起到以儆效尤的作用，只有这样才能让大学生们自发的去信仰法律、尊重法律，逐步提升自身的法治意识。

第二节　大学生法治教育意识培育的重要性

大学生具备较高的法治素养和法治意识，这不仅是坚持全面依法治国的现实要求，也是完成高校立德树人根本任务的需要，同时对于促进大学生的全面发展也是十分必要的。

一、坚持全面依法治国的需要

新时代坚持和发展中国特色社会主义要坚持全面依法治国，为此，应完善和发展制度层面的内容，还需要培养公民的法治之心，因此有必要提高公民的法治意识。大学生与其他社会成员相比较，文化水平和综合素质相对较高，是推动社会主义建设和发展的重要力量，在全面依法治国建设中担任着重要角色。大学生在毕业后将会服务于各行各业，为建设社会主义而努力拼搏，大学生法治意识的程度在一定方面体现了未来社会整体的法治状况。另外，大学生法治意识的增强有利于向其他社会群体传播法治知识，为促进全体社会成员法治意识的提高创造条件，进而推动全面依法治国的实施。

二、完成立德树人根本任务的需要

"立德"强调坚持德育为先，确立品德、树立品质。"树人"注重以人为本、培育成人、培育成才。立德树人强调的不只是思想道德素质在人所需要的素质中居于核心地位，而且也指出了人的发展具有全面性。立德树人作为高校思想政治教育的根本任务，而培养什么样的人是会根据时代条件、社会需求的不同而规定的，在新时代的背景下，高校立德树人就是要求以社会主义核心价值观这一大德作为基础。高校在进行法治教育时只有以社会主义核心价值观为指引，才能保证高校法治教育的方向是正确的。法治作为社会主义核心价值观在社会层面的要求之一，是在中国特色社会主义之下以法治精神作为中心的法治价值观，它为我国的法治建设提供了精神上的力量。

另外，高校立德树人任务的实现也需要良好的法治校园文化环境作为文化基础，这也是高校践行"立德树人"的必要途径和重要体现。高校思政课是落实立德树人根本任务的重要课程，高校必须要将法治意识培养贯穿到思想政治教育教学全过程，帮助大学生学会运用法律维护自身权益和解决实际法律问题，学会遵守、尊重并主动维护法律，切实增强高校法治教育工作的效果，实现高校立德树人的根本任务。

三、大学生全面发展的需要

大学生的全面发展要求德、智、体、美全面发展，从素质教育层面来讲要培养学生的科学文化素养和思想道德素养。思想道德素质要求大学生具备法治素养，因此是否具备法治素养在一定程度上决定着大学生是否做到了全面发展。社会主义法治国家要求人们要知法、懂法、守法、用法，大学生作为公民的一分子，只有具备了法治意识，才能更好地适应法治社会，与国家共建法治社会和法治国家。通过法治意识的培育，大学生能够从内心真正的信仰法律和遵守法律，约束自身行为，不做违法乱纪之事；大学生要学会运用法律，维护自己的权益不受侵害并尊重他们权益，自觉维护社会公平正义。大学生在不断地学习和实践中提升自身法律素养，提高自身综合素质，从而促进自身全面发展。

第三节　大学生法治教育意识培育的根本途径

一、提升法治教育的实效性

学校是大学生学习和生活的重要场所，大学生接受法治教育的主要途径是通过高校的法治教育。通过完善相关法治教学体系，多种教育途径对大学生进行法治意识培育；优化法治教育方法，使其更加利于学生接受，增强学生兴趣；同时也要提高教师的专业水平和法治素养，为学生树立榜样，提升大学生法治意识培养的实效性。

（一）完善法治教学体系

高校开展法治意识培育的主要途径是课堂教学，通过相关课程的学习，学生们能够基本掌握一些法治知识。课程内容的质量以及法治学习的途径影响着法治意识培育的效果，因此必须要不断完善课程内容，拓宽法治教育的途径，从多方面入手提高大学生法治教育的效果。

1. 及时更新课程内容

时代是发展和进步的，我国社会主义法治也在不断向前发展，因此高校的法治教育内容也要及时更新，与时俱进，能够关注重大法治事件，传播最新的法治理念。高校必须紧跟时代步伐，将社会上最新的法治理念和重大法治事件传递给大学生，与时俱进，从而养成符合时代发展要求的法治意识。

2. 加强宪法知识学习

宪法是我国的根本大法，宪法在我国法治体系中具有突出地位和重要作用。因此高校和教师应该高度重视大学生宪法知识的学习，在课程中扩充宪法的相关知识，强化对宪法的地位和作用以及宪法和其他法律的关系等基本问题的学习。通过宪法知识的学习，大学生能够对宪法有更深入的了解，明确宪法的根本作用以及宪法对于推动我国法治建设的重要作用。增强宪法知识的学习有利于帮助大学生形成对法律的信仰，提高宪法意识和增强法治思维，进而促进大学生法治意识的形成。

3. 拓宽法治教育路径

高校要充分发挥课堂教学的作用，根据本校的师资力量和学生状况开设相关的法治课程以及实用型的法律课程。比如针对理工科的学生开设知识产权的课程，为他们在就业、创业中维护自身权利提供法律支撑。高校也可以充分调动法学院教师的积极性，在全校开设法治相关的通识选修课，扩大现有的通识选修课范围，丰富课程内容和课程形式，为大学生学习法治提供更多选择，满足学生学习的热情。另外，高校可以开设法学专业的辅修学位课。通过开设双学位课程为那些对法学专业有着浓厚兴趣但第一专业为非法学的大学生增加学习法律的机会。针对这一部分学生，高校可有组织有计划地选拔合格的学生，开设双学位课程，经过系统地学习和考试后，为符合毕业要求的学生颁发法学专业的学位证书。学校开设双学位不仅可以帮助大学生增加法治知识，提高他们的法治意识和法治思维，也为学生今后的学业和工作提供了新途径。

（二）优化法治教学方法

大学的法治教育是价值观的培养，它不是靠死记硬背就能掌握的内容，而是需要用所掌握的知识来提升自身法治素养和形成法治意识，因此单纯的灌输式教学就起不到很好的效果。合理有效的教育方法能够激发学生的学习热情，实现教师与学生之间的良好互动，增强学习效果，因此高校应该优化法治教育的教学方法，改变传统的灌输式教学，采取多样化的教学，以增强法治意识培育的效果。

1. 采取多样的教学方法

教师要根据课程的内容和学生的特点，合理选择教学方法，例如案例教学法、讨论式教学、启发式教学等。在运用案例教学法时，教师要根据所要讲授的内容增添相关的法律案例，案例的选取应具备真实性、针对性和新颖性的特点，才能提高案例的信服度和引起学生的关注。教师也可向学生布置案例收集的作业，以调动学生的积极性。在讲授法律知识的过程中穿插一些法律案件的分析，引导学生参与到课堂之中，培养学生运用法律思维思考问题的能力，从而提高他们对课堂内容的接受度，增强学习效果；采用讨论式教学时，教师针对课堂内容列举几个社会热点，引导学生进行分组讨论并鼓励学生积极发言，勇于表达自己的观点，并对学生的发言进行客观的点评，使学生在讨论中加深对课堂内容的理解；在采用启发式教学时，教师要引导学生进行自主思考并分析法律案件以及各个因素之间的关系，这有利于学生巩固所学知识，加深对法律的理解和对法治的尊重。

2. 重视现代教育技术的利用

现代科学技术的不断发展和革新，信息传播媒介也发生了诸多改变，现代教育技术也逐渐地应用到教学之中，因此高校法治教育应该与时俱进，合理运用多媒体技术和信息技术。教师在备课时可以充分利用网络搜集整合图片、文字、音频、视频、案例等资料，丰富法治课程内容，通过多媒体技术可以帮助学生更清楚地理解较为难懂的法治知识，激发学生学习的动力，提高课堂质量和效果。在运用现代教育技术时，由于网络环境的复杂性和不易控制性，教师在进行网络资源整合的时候，要注意优化网络资源，进行正面宣传。学校也可以根据本校的资金、技术条件，积极开展优秀法治教师课程录制的工作，或者引进国内其他高校的精品法治课程，为学生法治学习提供更便捷的途径。

（三）强化法治教育实践活动

实践是将知识转化为意识的重要途径，高校应该遵循理论与实践相结合的原则，在课堂教学的基础上开展法治教育实践活动，帮助学生在实践中加深对所学知识的理解，培养用法能力。

1. 创新法治实践形式

（1）高校可以利用国家宪法日、消费者权益保护日等组织学生开展法治宣传教育活动，走进中小学，走进社区宣传法治知识。整个过程在任课教师或辅导员的指导下以大学生为主体展开活动，由大学生自主设计活动方案并寻找相关资料，通过切身参与法治实践活动，丰富法治知识和提高实践能力，提高法治意识。

（2）高校可以举办法律辩论赛、法治知识竞赛等丰富多彩的校园法治活动。法律辩论赛通常选取与社会热点有关的内容进行辩论，目的是帮助大学生通过亲身体验法律辩论，对法律知识的理解更加深入，并学会使用法律手段维护权利；法治知识竞赛是通过知识竞赛的方式考察大学生对法治知识的掌握程度，通过竞赛方式有助于调动大学生的积极性，激发学习兴趣。

2. 构建法治教育实践基地

（1）高校要在现有的法治实践资源的基础上，积极探索路径，整合社会资源，寻求当地人民法院和人民检察院的合作和专业指导，创建大学生法治教育的实践基地，并创新基地实践形式。教育实践基地既要满足大学生参观的需要，也要实现进行模拟法庭、法律讲堂等活动的需要，增强大学生法治教育实践基地的培育效果。

（2）创造良好的大学生法治教育实践基地的法治环境。将法治宣传标语、法治知识、法治故事、法治人物用显而易见、通俗易懂的方式展现在实践基，使大学生能够随时随地学习法治知识，感受法治魅力。

（四）提高教师法治素养

"法治教育必须增大力度，提高法治教育的关键点在于教师，如何完善教师的法律素养培训环节"至关重要。① 教师作为传道授业解惑之人，是课堂的引导者和主要参与者，教师的法治意识、专业水平和法治教育理念影响着课堂质量，关系着学生的学习效果，因此为了增强大学生法治意识培育的效果，必须要加强教师队伍建设，提高教师的法治素养。

1. 加强教师的法治意识

教师通过继续教育、培训进修等方式不断学习，提高自身对法律知识的掌握程度，密切关注国家的大政方针和重大法治案件，增强法治观念。法治观念的欠缺容易引发教师违法事件的发生，因此教师必须提高自身的法治素养，端正自身行为，给学生树立良好的榜样。另外，法治教育中包含很多政治性的内容，因此，必须保证教师的政治观念、政治立场是正确的，进而保证高校的法治教育符合社会主义方向。

2. 提升教师的业务能力

教师的备课能力、讲课水平影响着课堂的质量。教师应关注时事政治以及社会热点新闻，及时更新课件内容。通过不断学习专业知识和完善教学内容练习提升讲课水平；创新教育方法，采取多样化的教学方式，调动学生的积极性，提升学生的课堂参与度。教师要

---

① 牧人. 新时期高校教师法治素养提升路径研究［J］. 法制与社会，2020（28）：156.

提升自身语言表达能力，清晰流畅地讲授课程有利于提高学生的听课质量。另外，教师应当具备分析研究能力，正确把握国家大政方针的方向和正确分析当前的法治状况，通过与学生的沟通和交流，获取学生的需求和思想状态，有针对性地开展法治教育。

3. 转变教师法治教育理念

高校法治教育工作不单是向学生传授法治知识，更关键的是通过法治教育提高学生的法治实践能力，培养学生的法治意识。为此，教师应树立正确的法治教育理念，转变"重法律知识教育轻法治精神培养""重理论轻实践""重义务轻权利"等错误观念，引导学生尊重和维护法治，积极投身于社会主义法治建设中来，从而不断提升自身的法治意识。

二、创设良好的法治教育环境

环境对人的影响是潜移默化的，因此良好的法治教育环境有利于大学生法治意识的形成，增强法治教育效果。

（一）强化社会法治环境建设

良好的社会法治环境能让大学生感受到法治的重要地位和作用。然而，当前社会法治环境建设存在的不足对大学生法治意识的形成产生了一定的阻碍，因此国家要积极推进社会法治环境建设，创造良好的社会法治环境，这有助于增强大学生的法治信任感和依赖感，并从中感受到法治的重要性，促进大学生法治意识的形成。

1. 坚持科学立法

建设社会主义法治国家，有法可依是前提。良善的法律有利于国家和社会的发展，有利于保障人民生活的稳定与和谐，反之，恶法不仅会损害人民的利益，也会阻碍国家发展的进程，可见科学立法的重要性。新中国成立以来，我国的立法工作取得了很大的进步，形成了相对完善的法律体系，但是我国的法律体系并非十全十美的，还有待完善和提高。改革开放以来，我国的经济发展迅速，经济制度和结构较以前发生了很大的变化，法律作为上层建筑要适应社会主义经济的发展，修订或废除那些不符合现代社会经济发展的法律，使法律制度与社会发展相适应。坚持科学立法，要以宪法为最高权威，其他法律的制定要以宪法为最高准则，不得与宪法相抵触；在立法过程中，要广泛听取广大人民群众的意见、建议，使制定的法律符合广大人民群众的根本利益，从而保障立法的科学性，使我国的法律体系更加完善。

2. 坚持严格执法

法律的生命力在于实施，政府执法是否严格关系到公众对法治的信任程度，政府严格执法，人们自然也愿意配合并发自内心地相信法律和政府。然而，当今社会仍然存在着个别执法不严、有法不依、违法不究的现象，这不仅严重阻碍了我国的法治化进程，而且影响了大学生对法治的信任。国家的执法人员会出现这种不良的现象与我国行政监督体系不完善和个别行政人员法治意识不强有关，因此必须完善行政监督体系，严格执法，加强工作人员的法治教育，增强法治观念。一方面，政府工作人员必须严格按照规章制度、按照程序执法，执法过程中必须要公平公正、不偏不倚，不可让不法分子有机可乘，更不可超越权限范围；另一方面，工作人员要文明执法，禁止出现暴力执法、钓鱼执法等破坏执法原则的现象，通过文明、正当的方式执法，以维护法律在人们心中的权威性。

3. 坚持公正司法

司法为法律的公平提供着保障，只有实现司法公正，才能带领社会走向公正和法治。而司法的不公平不仅会破坏社会的稳定运行，还会使大学生对法律的权威产生怀疑，因此要不断完善司法体系，加强司法运行过程中的监督，保障社会公平正义的实现。一方面，提高司法人员的专业素质能力，按照法律规定和程序进行司法裁决，严格依照规章制度办事，规范自身行为，禁止收受贿赂；另一方面，要保障司法的独立性，处理好司法同政府的关系，各司其职，不可让政府干预司法机关权力的行使；另外，要加强对司法部门的监督，防止工作人员出现腐败现象而影响了司法公正。

（二）创建良好的网络法治教育环境

互联网的飞速发展使得大学生的生活、学习与网络密不可分，大学生不仅是我国网民的重要构成，同时也是网络社交平台的主要活跃群体。在良好的网络法治教育环境下，大学生所接触的内容是积极向上的，传递的信息是正确的，因而能够给予大学生积极的引导，从而形成的法治观念是符合社会主义法治要求的。反之，负面消极的网络法治内容会破坏大学生对法治的信任，阻碍法治意识的形成，因此要加强对网络的监管，优化网络法治教育资源，净化网络环境。

（三）营造良好的校园法治环境

学校的法治氛围对大学生的影响是潜移默化的，因此校园法治环境的建设不可忽视。学校依法制定和实施各项规章制度，在校园形成良好的法治环境，从而给学生树立遵循法治的典范。

第一，依法制定高校的规章管理制度，实行依法治校。学校的规章管理制度是大学制度中的重要组成部分，影响着学校的发展和学生权益的实现。因此，高校必须依法严格制定各项规章管理制度，建立健全高校的规范性文件，并严格执行。对于涉及学生切身利益的事项，比如奖学金评选、入党、学生干部评选等，要严格按照程序公平公正地进行，以保障学生权利不受侵犯。

第二，健全高校民主管理和民主决策制度。在涉及与学生切身利益相关和关乎学校未来发展的事情上，高校应积极引导学生参与讨论，广泛地听取大学生的意见和建议，了解他们的需求以保障学生的民主权利。学校要充分发挥学生会、学生社团等学生组织的作用，鼓励学生积极参与到学校建设中来，增强大学生的主人翁意识和权利意识，使学生在参与学校管理过程中感受到公平、民主、法治的重要性。

第三，加强校园法治文化的建设。校园法治文化的形式多样，其中，接受程度高的法治文化形式，往往能够对学生法治意识的培养起到良好的效果。学校应鼓励和支持法律社团、校园辩论赛、模拟法庭、法律知识竞赛等活动的开展，使学生在法治实践活动中加深对法治的理解。充分利用学校的宣传栏、教室走廊、校报校刊进行法治宣传，努力营造高校的法治文化氛围。在浓厚的校园氛围下，大学生能够提高参与学校建设的积极性，真实地感受到法治的力量，从而提高大学生的法律素养，提高法治意识。

三、重视大学生法治意识的自我养成

大学生法治意识水平不仅取决于学校教育、法治环境，还取决于大学生自身学习法治知识的主动性，取决于大学生尊法、懂法、用法的实践。只有大学生主动接受教育并将知识内化为行动，才能真正达到教育的效果，因此，大学生要主动学习法律知识，养成法治思维，形成法治信仰，参与法治实践，推动自身法治意识的养成。

（一）培育法治信仰

良好的法治意识需要具备法治信仰，因而大学生法治信仰的形成至关重要。首先要通过学习法治知识来提升法治认知。不仅要学习基本的法律知识，还要学习法治的内涵、发展历程、作用等，从而提升对法治的认知以及法治在社会发展中重要地位的认可。同时也要看到虽然社会上存在部分不公正现象，但是法律本身是公平公正的，旨在维护每个人的合法权利。虽然目前法治并不完善，但这是走向现代文明社会的必经阶段，因而要正确、

客观的认识法治，增加对法治的信任。其次，大学生要将法治信仰深刻地印在心中，并通过行动表现出来，在社会生活中能自觉地遵守法律法规以及社会道德、承担公民责任，既不侵犯他人权利和自由，又能维护自身利益，处理好个人与他人，个人与社会的关系，增强自身的权利意识和责任意识。大学生要逐渐形成尊法、守法的理念，把法律当成规范自身行为的准则，并发自内心的认可法律，逐渐形成法治信仰，提升法治意识。

（二）参与法治实践

法治实践是将法治知识运用到实际生活中的重要途径。大学生自觉参与到社会法治实践之中是提高自身法治意识的方式之一，只有实现知行合一，才能真正起到法治意识教育的效果。大学生可以通过社会法治实践增加自己的见识，从课本走向现实生活，从而认识到法治不是遥不可及的书中词汇，也不是存在于新闻和网络中的，而是真实的存在于我们的生活，影响着我们的生活。因此大学生应当在掌握法治知识的基础上，通过参与社会法治实践，增强对法治的认识，提升运用法治的能力，从而强化法治意识。

第一，大学生要积极主动地参与学校组织的法治实践活动。比如参加法律辩论赛，在和同学各抒己见的过程中学习法治，加深对法治的理解以及锻炼实际应用法律的能力，通过这种方式也能增加学习的趣味性；参与模拟法庭活动，通过参与活动和搜集相关资料，了解法庭审理的过程，从中感受司法公正和法律的魅力，从而树立对法治的信任；另外大学生要积极参加法治知识竞赛，竞赛工作人员把大学生需要掌握的基本知识印成小册子分发给报名参加的学生，自由组建小组进行竞赛，通过这种方式大学生能够检验自身对法治知识的掌握程度，同时也能帮助大学生更加系统地掌握法治知识。

第二，利用课余时间参加社会法治调研实践。大学生可以通过走访社区、街道了解人们对于法治的掌握程度以及对法治的看法，并且根据调查结果撰写并分析调查报告，从而更加深入地了解在我国社会主义法治建设过程中，人们对法治的认可度以及法治意识的现状，有助于更好地开展社会主义法治建设。通过对社会法治状况的了解，有助于大学生更好的理解我国加强社会主义法治建设的必要性和紧迫性，更加明确提高自身法治意识对社会主义法治建设的意义，从而提高大学生增强法治意识的自觉性。

第三，通过法治实践加强权利意识。提高权利意识的重要方式就在于要积极行使自己的权利，例如，在班委会、社团、学生会行使自己的选举权和被选举权、监督权等；当自身权利受到侵害时，要学会运用法律维护自身权益等。在权利行使的过程中，大学生能够更加强烈地感受到权利的作用，从而增强权利意识。另外大学生要在生活中规范自身行为，自觉地遵守和维护法律，不触碰法律底线并坚决抵制违法行为，尊重自己和他人的权利，使大学生在自觉守法和践行法治的过程中逐渐树立起对法治的信仰和法律至上的理念，最终强化法治意识。

第三章 当代大学生网络法治教育研究

第一节 大学生网络法治教育及其重要意义

一、大学生网络法治教育的内涵与特征

（一）大学生网络法治教育的具体内涵

"网络"又名为局域网、互联网，即利用通信设备和介质把多台电子设备连接起来，使计算机形成信息链路，即可在不同环境、不同地点，以实现资源共享和数据通信的数字化虚拟平台。在计算机领域对网络的概念界定可以分为两种："狭义"层面网络单指互联网技术；而"广义"上网络则不仅包含互联网，还囊括了手机移动网等无线网络等，网络活动的实现手段不仅仅是通过电子计算机，还包含手机、平板电脑及其他一切信息化设备。以下援引的是广义范围内的网络定义，对于大学生网络行为及网络法治教育进行研究过程中所涉及的网络，即广义层面上的网络，是指各种广泛流行与普及的手机移动网络、数字信息化技术及其在网络环境中的所有用网活动。

随着时代的快速发展，大学生的法治教育载体在不断发展变化，出现了网络课堂、电子阅览室、多媒体网络平台等网络载体。面对这一发展情况，高校要不断推进大学生网络法治教育，顺应时代发展，增强大学生法治教育的实效性。现今，大学生网络法治教育，是指高校依据国家最新法治教育政策，结合大学生发展特点，依据现实，通过网络载体对大学生开展的一系列法治教育活动。其教育内容是现有的法律法规和法治理念，教育目的是增强大学生的法治信仰，增强大学生的法治观念，使得大学生能够尊法、守法、维法。

在大学生群体中开展网络法治教育，目的在于增强大学生的法治素养，让大学生在现实社会中能够自觉遵法守法，从而推进法治社会的建设进程。为了实现我国法治社会建设

目标，高校应该全面开展大学生法治教育工作，灵活运用网络载体，实现线上线下的全面覆盖。高校在开展网络法治教育的过程中，要依据当前信息化时代背景，结合大学生的发展特点和学习需求，开展有计划的教育活动，不断增强大学生的法治意识和法治能力，实现大学生的全面发展。

（二）大学生网络法治教育的基本特征

1. 教育方法的多样性

传统的法治教育主要是高校教师通过现实课堂进行教学，教师主要依靠粉笔、黑板、课本等工具开展法治教育工作，形式较为单一，教学效果不够理想。而网络载体的出现使得高校法治教育的方法多样化，高校教师可以采取多种方式开展大学生法治教育工作，从而提升法治教育效果。

通过虚拟网络这一渠道，高校可以采取多样化的法治教育方法。教育者可以将有关法治教育的内容采取视频、图片、音频的方式，通过微信公众号、QQ、主题网站、电子邮件等网络方式呈现。通过借助网络技术，高校可以建立大学生法治教育网络课堂和电子阅览室，让大学生在线上随时随地可以进行法治教育的学习，不受场地和时间的限制，极大地提升了大学生的学习效率。高校可以专门建立大学生法治教育主题网站，充实网站中的法治教育内容，网站内容要具有吸引力，激起大学生的学习兴趣。此外高校要及时更新网站信息，让学生能获得最新资讯。高校还可以使用"微师""钉钉"等软件开放法治教育课程，帮助大学生进行学习，提升大学生的学习效率。

总之，教育者通过网络技术使得法治教育打破了时空的限制，在丰富教育方法的同时，也能够更加方便地开展法治教育工作，对大学生进行更有效的法治教育。

2. 教育环境的复杂性

（1）网络文化本身具有复杂性。网络世界中存在着各种各样的信息，其中包含了大量的不良信息，如历史虚无主义的言论，热点事件的谣言传播等，不良的言论和信息都会影响青年学生的价值观。同时网络本身就存在着不同的文化，在不同的网络平台中形成了不同的网络文化圈子，如军事论坛和美妆论坛便有着自己圈子中不同的特点和交流方式。因此，对于网络法治教育来说，面对的不同的文化影响要做好法治教育，提高网络法治教育得到成效是极为复杂的。

（2）高校学生不同专业年级人群的复杂性。开展网络法治教育，就必然要考虑面对的人群，对于高校低年级和高年级的法治教育要有所侧重，有所衔接，循序渐进。对于不同的年级针对性地扩展教育形式，达到更好的教育效果。而面对不同年级和专业的高校学生，如何开展和安排教育内容和教育形式，也是当前网络法治教育面临的一个复杂的难题。

（3）网络法治教育内容的复杂多样。除了不同专业和年级的学生群体的复杂性，对于网络法治教育内容的选择同样是复杂的，面对浩如烟海的法律条文、行政法规等内容，如何选择相应的法律知识内容来针对性地安排，如何更好地贴近现实生活，提高学生学习的积极性也体现了网络法治教育环境的复杂特点。

（4）当前网络法治教育平台的复杂多样。在不同网络教育市场中的教育形式也各有不同，如何整合资源，以便更好地服务于广大学生是其中一点。同时，许多企业为了快速占据网络市场，获取更多的利益，采取了各种各样的手段进行不正当的竞争。此外，现今一些网站和手机 App 通过不正规的途径搜集个人信息，贩卖个人数据，这严重侵犯了个人利益。目前，我国对于网络的管理还不够完善，而且网络具有一定的虚拟性，对网络平台的监管难度较高，造成了网络教育平台的复杂现状。

3. 教育内容的丰富性

在网络世界中包含了大量的法治教育资源，其中包含了大量的图片、视频等教育信息。高校大学生在现实世界中受到各方面的限制，接收到的法治教育内容较少，但在网络世界中，来自世界各地的人可以相互交流，进行思想上的沟通，使得大学生接收到更为丰富的教育内容。由于网络具备快捷性、开放性等特点，全球不同地区的法治教育内容通过网络平台实现资源共享。借助网络载体，让世界各地的法治教育资源进行流动，不同地区的文化、思想相互碰撞、相互交织，产生了多样的网络文化，同时也丰富了大学生法治教育的内容。

在传统法治教育中，高校教师在课堂中的授课时间有限，只能概括阐述法治教育内容，讲解重要知识点，无法对每一个知识点进行详细的讲解。目前高校关于法治教育内容的课程不多，而随着互联网技术的发展，网络法律案例库、网络法治教学课程、法律法规库、网络法律知识库在不断扩大，法治教育资源在不断丰富，高校教师将法治教育与网络载体相结合，将网络法治教育的资源导入到课堂教学中，让大学生学习的知识不再局限于书本教材，从而丰富了大学生的法治教育内容。

4. 教育主体的交互性

（1）网络增强了教师和学生的互动。在互联网还没有普及之前，高校教师对大学生进行法治教育，主要通过现实课堂的方式进行，教育者与受教育者交流互动频次有限。但在互联网十分发达的今天，大学生借助网络载体，可以不受地域和时间的限制，与教师进行及时的互动交流。网络的即时交互性，可以使得教师和学生进行实时的沟通交流，高校教师可以及时地通过虚拟网络这一渠道，与大学生进行学习上的交流。高校教师要主动与学生进行沟通交流，了解学生学习情况，解答疑难困惑，要有针对性地开展法治教育工作。在线下的法治教育过程中，由于课程的时间限制，教育者与被教育者无法进行充分的沟通交流。但在网络世界中，教师与学生不会受到时间和空间的限制，能够自由地进行交流，发表自己的见解。因此，通过网络手段，教师与学生者的沟通更加自由，更加快捷，教育主体的交互性得到显著增强。

（2）网络增强了大学生与其他学习者的互动。在网络信息时代，大学生能够通过网络自由的查找法治学习资源。大学生除了通过接受教育者的指导外，还可以与来自全国各地的同学进行交流沟通，分享所学的法治知识，交流自身的学习经验。因此，网络在大学生群体中越来越流行，越来越多的大学生主动通过网络与他人进行交流沟通，在网络中学习最新法治知识，从而增强了进一步突出了教育主体的交互性。

二、大学生网络法治教育的重要意义

（一）有利于培养大学生法治思维

大学生法治思维的培养过程，是增强大学生法治主体意识，强化大学生法治认知，从而形成良好法治行为的过程。目前，大学生是网络群体中最为活跃的部分，高校立足网络阵地，对大学生开展法治教育，有利于培养大学生的法治思维。

首先，网络的高度自主性，有利于增强大学生的法治主体意识。高校想要提升大学生的法治意识，首先要增强大学生的主体地位，使其明白法治教育的重要性，从而主动地学习法治知识。网络技术的运用能够赋予大学生更多的学习权利。大学生由以往"被动的接受者"转变为"主动的反馈者"。他们从自身的学习需求出发，对网络中的法治教育资源进行筛选，选择自己感兴趣的法治知识进行学习。这种大学生主动的学习模式，有利于大学生更好地接受法治教育，学习法治知识，从而养成良好的法治思维。

其次，网络的多样化语言，有利于增强大学生的法治认知。大学生法治思维的培养离不开正确的法治认知。通过网络载体，高校教师可以将法治教育相关的图片、视频、音频等语言元素相融合，通过幽默风趣、活泼生动的方式展现出来，从而更易于被大学生所接受，增强大学生的法治认知。在大学生的网络法治教育过程中，高校通过网络载体所表达的多样化普法语言，有利于更好的传递出法律价值，增强大学生的法治思维。

（二）有利于提升法治教育实效性

高校的法治教育要能够因事而化、因时而进、因势而新。传统的法治教育主要依靠线下课堂教学，在课外对大学生法治教育较少关注，从而影响大学生的法治教育效果。作为现代信息技术与法治教育的深度融合，互联网+法治教育不仅为突破传统模式的桎梏带来机遇，也为提升法治教育的实效带来希望。

网络具有快捷性、丰富性等特点，高校借助网络的优势对大学生进行法治教育，有助于大学生及时地接受法治教育信息，了解法治教育内容，从而提升大学生法治教育的实效性。高校通过网络载体开展法治教育活动，向大学生普及法治知识，能够帮助大学生形成正确的法治价值观，形成正确对待法治的态度和行为能力，从而取得良好的法治教育效果。

网络世界具有极为丰富的信息资源，教育者开展大学生网络法治教育时，通过网络信息技术，对于各类法治信息进行筛选整合，选择出有用的法治信息，能够保证法治教育的内容的质量。现今法治事件每天都在发生，法治信息每天都在更新，法律法规的颁布需要大学生及时知晓，及时进行学习。通过网络载体，大学生能够及时了解法治事件，增长法治知识。在法治教育过程中，高校教师在网络的一边通过鼠标将法治教育内容点击发送，另一边的大学生就能接收到最新的法治教育内容，从而提升了大学生的学习效率，增强了大学生法治教育的实效性。

第二节 大学生网络法治素质教育模式转换

一、大学生网络法治素质教育及其特殊性

（一）法制与法治素质

作为社会主义现代化的建设者，大学生的法治素质有无与高低是衡量一个社会文明发展水平的重要指标。对比法制与法治的定义，可以发现两者的不同，主要体现在以下方面：

第一，法制属于上层建筑中的制度范畴，包括宪法、民法、刑法等实体法律和相关制度，强调立法的重要性，暗含法律制定的越多，社会秩序越稳定的思维逻辑。法治属于思想范畴，包括法治原则、法治理念等在内的有机整体，法治不仅是公布于众法律法规，而且是映射头脑中解决问题的法治思维，不仅强调制定法律，而且注重法律的严谨性、科学性、体系化。

第二，法律在社会中的地位不同。在法治社会，法律具有至上的权威，在社会调控方式中居于主导地位，否定社会特权，提倡法律面前人人平等。

第三，价值追求不同。"法制"作为中性词，是伴随着国家的出现而产生的，关注是否有法可依，依法而治。"法治"开始便与民主有着难以割舍的联系，它不仅关注是否有法可依，更加强调法的价值取向是否为自由、平等、人权提供基本保障，是法律目的价值与工具价值的统一。

综上，无论是词源还是内涵来说，"法制""法治"具有诸多不同之处，将两者区别开来有助于明确理论研究的薄弱环节，有利于引领法治中国的建设进程。但是，不能以此将两者完全割裂，法制是法治的前提与基础，法治是法制的目的与归宿。法治素质教育以法律知识、法治意识、法治精神、法治能力为主要内容，它是基于法律法规的制定、法律的执行过程、法律的程序过程的普遍认知上，对法治社会中法律的权威性、法律的普遍适用性、法定权利与义务、公权力与私权利的一种理性认知和理性选择。法治素质是人们面对社会问题时，以法治原则、法治理念为指导，分析、解决问题的法治思维过程和理性选择过程的稳定状态。

（二）法治教育与其他教育的关系

1. 法治教育与政治教育

政治是人类历史发展到一定阶段的产物，为了调节以政权为核心的阶级关系和人民内部的全局性的关系，是经济的集中表现。政治是经济上占统治地位的统治阶级关于重要公共利益的决策和分配活动，通过组织、协调社会生产和社会生活以维护社会有序发展。由此可以看出，政治观是指人们对于国家的政治现象、政治关系的根本立场和根本看法。具体到我国，政治观主要是指人们对于党和国家路线、方针、政策的根本观点和根本方法。政治教育是社会或社会群体以政治原则、政治立场对其成员施加影响，使他们形成符合一定社会需要的政治品德的实践活动。政治素质是人们从事政治活动所必备的基本条件和品质，是人们在社会化过程中所形成的政治立场、政治意识、政治态度、政治信仰、政治能力等综合品质。它是外界环境的影响下个体内在知、情、意、行等要素相互影响、相互作用的结果，具有阶级性、稳定性、潜在性等特征。

大学生综合素质由思想政治素质、道德素质、法治素质、心理素质、身体素质等构成。在诸要素中，思想政治素质处于主导地位，是最为核心和本质的要素。大学生政治素质培育回答了"培养什么样的人""如何培养人"的问题。政治观教育以基本国情、党的基本路线、爱国主义、形势与政策为主要内容，旨在增强大学生政治敏感度、激发政治参与热情、提高参政议政能力。

2. 法治教育与道德教育

道德是人类历史发展到一定阶段而产生的一种特殊社会意识形态，以善恶作为评价标准，依靠社会舆论、风俗习惯和内心信念等力量来调节人与人之间、个人与社会之间关系的心理意识和行为规范的总和。无论在哪一个社会，每一个人都和人们结成一定的生产关系、经济关系、政治关系、法律关系等，在频繁往复的交往中逐渐形成了大家普遍认同和遵循的准则，并将其作为衡量人们行为的基本标准。道德规范、法律规范共同构成了社会的主要规范。道德规范要想内化为个体的道德品质，并转化为人们的道德行为，必然以道德教育为前提。道德教育是为了使人们践行某种道德义务，而对人们有组织、有计划地施加系统的道德影响的活动。道德观教育以职业道德、社会公德、恋爱婚姻家庭美德、共产主义道德为主要内容。道德素质是人们对道德原则、行为规范的认识水平和处理各种关系的实践能力的综合反映。道德教育的主要任务是传授道德知识，内化为大学生的道德认知、道德情感、道德信念、道德行为，培育他们成为一个具有高尚道德情操的人。

作为维护社会秩序的两大社会规范，道德与法律各有其优越性和局限性，有必要实现两者的优劣互补、有机结合。

第一，从法律的作用范围与效果来说，法的作用范围涉及政治、经济、文化、社会生活诸多方面，人的一生都在与法律发生各种各样的联系，但是这并不意味着法律是万能的、最佳的。当涉及私人生活领域诸如思想、情感等方面，如若采取法律手段强行干预，非但起不到应有的效果，甚至会适得其反。道德旨在传递一定的道德原则、行为规范，帮助人们提升个人道德情操、道德境界，以内化于心、外化于行达到润物细无声的效果。

第二，从发挥作用的方式与成本来看，法律是以国家强制力为后盾的社会规范，道德则是依靠社会舆论来发挥作用。法律的强制性体现在对违法犯罪行为的制裁，通过法律制裁能够树立权威，保障和维护人们的正当利益。虽然法律的制裁效果立竿见影，但是法律的贯彻落实必然需要利用人力、物力、财力等各种资源，就其成本而言是比较大的。道德则属于软调节通过教育帮助人们形成道德观念，往往以劝说、建议、谴责的方式评价社会行为，不道德行为是否停止取决于行为主体的道德觉醒和舆论压力。法律是最低的道德要求，一个有道德素质的人违法的概率较低，反之则不然。

第三，从调节机制上看，法律调节社会关系的机制是权利与义务，道德以义务调节社会关系。法律是由国家制定和认可的，以权利和义务为内容，并对社会关系和社会生活发生实际作用的社会规范。人们行使的权利受法律所规定限制，这种限制的目的在于保障他人权利的承认和尊重。法律为保障每个人自由追求、享有自己幸福的权利提供了制度保障。道德以义务为纽带搭建社会关系，要求人们在履行道德义务不应以获取某种权利或补偿为动机、目的，而在现实生活中往往意味着做出不同程度的牺牲。

（三）网络法治素质的内涵与特征

1. 网络法治素质的内涵

网络法治素质，是现实社会中人们的法治素养在网络虚拟社会里的有效延伸和具体表现。网络法治素质是网络主体通过学习与实践获得法律知识，以法治理论与法治原则规范自身获取、利用、处理网络信息的行为，并由此形成的法治意识、法治精神、法治能力的综合心理特征和行为习惯。网络法治素质由网络法律知识、网络法治意识、网络法治精神和网络法治能力四个要素构成，四者之间相互联系、相互制约、相辅相成，其中网络法律知识是基础，网络法治意识是关键，网络法治精神是核心，网络法治能力是落脚点。

网络法律知识，是指人们对网络空间的法治现象的理论认识和经验总结，反映网民了解、掌握网络法律法规体系和具体网络法律具体规定的认知程度。大学生不仅要从整体上把握来自不同级别的、具有一般性的网络法律法规，而且要结合本校具体的网络使用要求来规范网上行为。

网络法治意识，是指人们在知晓一定的网络法律知识基础上对于网络法律法规及其制度的主观心理反应、态度的总和。网络法治意识包括对网络空间法律至上的观念、网络法律权利意识、网络民主参与意识、网络法律适用的平等意识、网络空间言论自由意识等。

网络法治精神，是人们对于网络空间法治的自觉认同、由衷的信仰，网络主体成为网络法治的自觉遵守者、忠实崇尚者。网络法治精神主要包括网络自由精神、网络民主精神、网络公正精神三个方面。

网络法治能力，是指人们运用网络法治的正当性思维、程序性思维、限权思维来指导自身行为，正确认识现实生活中网络空间的法律矛盾与冲突，主动追究违法者的法律责任并自觉维护合法权益的综合能力。

2. 网络法治素质的特征

（1）网络法治素质具有层次性。这里的层次性是指大学生基于网络法治知识储备、个人法律实践或经验、个人接受能力等不同，呈现出网络法治素质水平高低不一的特点。根据大学生网络守法的动机可将网络法治素质分为三个层面：

第一，守法即不违法。处于最低水平的网民认为守法就是不违反法律。从守法者的心理状态来看，他们将网络法律法规视为异己之物，因为畏惧法律的惩罚或者传统的道德约束而被动地不触碰法律，对法律持有一种模糊、否定的态度。在他们的视野里，网络守法等同于履行法律义务，法律成为钳制自由的枷锁。

第二，守法即依法办事。这一水平的人们具有一定的网络法治理念，既能够履行法律义务，也能行使法律权利。将法律视为维护自身利益的武器，对法律持有基本肯定的态度。

第三，守法即法我合一。网络法治素质的理想状态是网络主体的内在动机、外在行为均符合法律的要求对法律持有完全肯定的态度，法治精神内化于心、外化于行，网络主体自觉、积极的守法，能够充分履行法定义务和行使法定权利。

（2）网络法治素质具有阶段性。网络法治素质的阶段性指大学生网络法治素质在身心发展基础上呈现出由不健全到逐渐完善的动态过程。网络法治素质不是一蹴而就的，大致可划分为三个阶段：懵懂阶段、形成阶段、稳固阶段。在懵懂期，大学生尚未接受系统法治教育，法治意识淡薄，主要来自个别事件的体验或者周边人的法治态度，法治知识结构分散，个别在应试教育下政治色彩浓厚；在形成期，大学生通过自身的法治实践活动和系统的法治理论学习，法治知识、法治结构得以积累与完善，初步形成了符合社会主义培养目标的网络法治素质；在稳固期，大学生的法治知识相对完备，能够自觉运用法治思维分析问题，法治能力在解决问题中得以充分体现。

（3）网络法治素质具有时代性。这里的时代性是指网络法治素质培养的目标、内容、措施等在不同的社会形态、不同的社会发展阶段呈现的独特性。网络法治素质一旦形成便以某种机能的形式固定下来，在社会实践中频繁表现出来。但是，这并不意味着网络法治素质一成不变。社会法治环境、学校法治教育构成了网络法治素质形成的重要外部因素，大学生的身心发展逐渐走向成熟时期，主动学习法治理论、积极参与社会实践是网络法治素质形成的根本动力。无论是外部环境还是大学生自身，促使了网络法治素质的发展变化。唯物辩证法认为，事物的发展是内因与外因双重作用的结果。一方面，大学生的身心发展是不断发展变化的，大学阶段是其塑造品性的关键期、素质发展的成熟期；另一方面，人类社会的进步建立在实践的基础之上，我国的网络法治素质是为了培养符合社会主义法治要求的人才，显然与资本主义国家的培养目标不同。

在不同的社会发展阶段，网络空间的法治问题为大学生法治素质教育提供了新课题、新要求。

（四）大学生网络法治素质教育的特殊性

大学生网络法治素质教育，是指教育者按照一定阶级或者社会的要求，有目的、有计划地对受教育者的法治观念施加影响，规范大学生获取、利用、处理信息的网络行为，培养他们法治意识、法治精神、法治能力的教育实践活动。大学生网络法治素质教育不同于普法宣传教育、网络法制教育。普法宣传教育侧重于一般性的网络法律常识的宣传，教育对象是所有公民。网络法制教育侧重于网络法律知识的传授，以阶段性、目的性的学校教育为主。网络法治教育以培养大学生网络法治理念为宗旨，以理论化、系统化的法治原则、法治精神为指导，以提升大学生法治能力为归宿。"大学生网络法治教育是高校大学生思想政治教育的重要组成部分，加强大学生网络法治教育，提高大学生思想政治素质和网络法律素养，对于促进高校依法治校，推进大学生成长成才，实现全面发展具有重要意义。"[①]

1. 教育者视角的特殊性

从教育者人员构成来看，网络法治教育以思想政治理论课、大学计算机基础课程等为依托，在实际教学中，往往出现思修课老师只传授理论性的法治理论，计算机任课教师只传授网络技术的运用，呈现教育链条的脱节状况。

从教育者自身素养来看，教育的示范性、复杂性、长期性，对教育者的网络法治素质提出更高的要求，教育者的网络法治观念、态度和水平会潜移默化地影响着大学生的法治观。教育者只有可以通过短期集中培训、加强自我学习逐步提高自身的网络法治理论知识、教育教学水平，才能增强大学生思想政治教育的说服力。

2. 受教育者视角的特殊性

网络社会具有虚拟性与实在性，大学生割裂了两个情景下的角色。网络社会中一切都是以 0 和 1 组合而成，虚拟空间中的人物、组织、物体没有具体的物理实体，被数字化的

---

① 谭作强. 试论高校大学生网络法治教育的新思路 [J]. 理论观察，2015（8）：152.

符号存储、使用和操纵，人的身份、性别、地位、外貌可以任意更改。在现实社会中，人们在学习、工作、交往过程中与他人发生着各种各样的联系，可以真切感受到他人的存在，自己的行为对他人所产生的现实影响。任何网络行为不因为物理空间的距离感而消失，屏幕背后是现实生活中实实在在的人，在现实社会与虚拟社会的切换中，网络主体需要不断强化"社会键"，使守法的动机大于违法犯罪的动机，形成内化于心的法律机制。

从受教育者的身心发展特点来看，大学生的自我独立意识、抽象思维能力较强，青少年时期是树立正确道德观念、政治立场、法治观念等的关键时期，也是塑造健全人格、培养创新能力的重要时期。从受教育者的社会地位来看，大学生作为党和国家的后备力量，是社会主义现代化的建设者和接班人，肩负着中国特色社会主义法治建设的历史使命。

3. 教育环境视角的特殊性

作为网络法治素质教育的对象是人，其生存、发展无时无刻与社会环境密切相关。大学生网络法治素质的形成、发展是在主体需要和社会环境相互作用的过程中实现的。从宏观上来说，环境主要包括经济环境、政治环境、文化环境、大众传媒媒介。从微观上来说，环境主要包括家庭环境、学校环境、社会组织环境、社区环境、同辈群体环境。一方面，教育环境的多样性、复杂性、不可控性，要求教育者必须对其进行甄别、筛选、控制，优化大学生网络法治素质教育的环境，充分利用育人环境的积极因素；另一方面，由于互联网的日益普及、网络技术的飞速发展，网络自身的虚拟性、隐匿性、跨时空性、去中心化等特点，对大学生网络法治素质教育提出了新要求、新挑战。

二、大学生网络法治素质模式转换的方向

（一）网络法律的价值认知

网络法治教育本质，是大学生网络法治的思想认同和行为支持，网络法治的思想认同的关键是网络法律的价值认同，即大学生如何认识网络法律法规与自身生存发展的关系、网络法律法规与身处的社会的关系、网络空间个体与社会的关系。只有帮助大学生清楚地认识到网络法律的价值，才能引起大学生学习网络知识的兴趣，提高大学生接受网络法治教育的积极性，最大限度地激发大学生自我法治教育的主动性。

因此，网络法律价值教育应从两个方面着手：从偏重网络法律工具性认知到网络工具性与目的性相结合的教育；从偏重网络法律的社会价值教育到网络法律的社会价值与个体价值相统一的教育。

1. 自由价值

自由是人生存与发展的内心渴望，自由是人潜在能力发挥的重要条件，任何人都离不开自由。人们需要生存与发展客观外界不会自动满足人们的客观需求，为了谋求生存与发展，人们必须发挥主观能动性，发挥潜在的能力。

在网络社会中，不同国籍、不同肤色、不同民族、不同职业、不同背景的人的都可以自由地获取资讯、通信交流、电子商务、发表观点等，自由性是网络社会的基本特点。网络社会为人们提供了更大的发展空间、更多的自由选择，人们可以借助网络自由地参与电子商务、自由地发表言论、自由地选择加入虚拟社区等各种活动。但是，这并不意味着人们可以借助网络平台为所欲为，网络不是法外之地。由于人们对于自由的思想情感认知和社会行为能力不完全相同，难免出现无视他人自由或者滥用个人自由而牺牲他人自由的情况，因此，网络领域需要法律以保障人们自由的生存与发展。

自由是法治价值的终极目标之一，法治为人们追求全面而自由的发展提供制度支持。法律是公共意志的体现，法律的明确性、普遍性、一般性厘定了人们的日常行为标准，使人们的行为具有预见性、可控性，避免了交往过程中不必要的摩擦。一方面，网络法律通过制裁手段对侵犯自由的违法行为予以惩罚，网络法定的权利与义务是为自由设定；另一方面，网络法律授权同等的权利、同等的义务，保障自由予以同等认可、同等保护、同等制裁。因此，国家制定网络法律法规不是为了束缚人的潜能，而是为了保证每一个人自由发挥聪明才智。人只有拥有自由，排除制约潜能发挥的负面因素，才可能激发才智、振奋精神，满足自身生存与发展的需求，在实践中不断强化自我意识、自由意志。

在法治社会，法律设立的目的不仅在于强制自己的行为与他人相统一，更重要的是个体与群体之间和谐共处的存在方式。当今中国不断深化改革的目标之一就是给予每个人最大限度的自由参与权，解放生产力、发展生产力。

网络法律的自由价值认知教育就是让大学生正确认识网络与自由的关系，深刻理解网络法律在保障人们追求自由中的作用，进而鼓励大学生积极追求自由、平等尊重他人的自由，最大限度地激发他们的潜能和创造力。

2. 平等价值

平等指在实践领域人们意识到他人是作为与自己同类中的一员，把别人视为和自己平等的人对待，即人与人之间同等对待的社会关系。平等观念的基本点在于意识到自己与他人一样，都是社会的主体，在法律面前享有平等的权利，承担平等的义务。平等主要表现为社会地位、政治地位的对等关系，即两个主体相互的对等对待，不因自恃特权而歧视对方，不因畏惧特权而自卑自贱。在网络空间里，人们可以抛开现实社会中的角色、地位、身份等社会化便签，以数字化的形式呈现心中"真实"的自己，在一定程度上，网络解除了一部分现实社会对人们的束缚，为实现人与人之间平等对话、自由交流提供了更多可能性。

法律是平等的重要依据之一，这是由法律自身的性质与特征决定的。法律是人们共同意志的体现，被制定出来后成为判定行为主体是否遵循了法律范围内平等原则的依据。与其他社会意识形态相比，网络法律具有不可比拟的明确性、规范性、普遍有效性，是由国家制定或认可公开颁行的行为准则。网络法律法规的产生正是人类不平等的结果，它以自身固有的准则和强制力来解决社会矛盾和社会冲突，网络法律的真正价值追求不在于此，而是更深层次对人们平等的保障。法律规定了公民享有平等参与的地位和权利。参与者享有平等的政治上参与权、知情权、评议权、监督权，经济上自由贸易权、平等交易权、公平竞争权，文化上的平等受教育权、资源共享权等，自由充分的表达真实的意见是形成共识的前提条件。参与者的资格离不开法律的确认和保护。法律确保了民主制度、民主程序，民主的实现需要制度、程序的保障，每个成员可以自由发表观点，通过民主的程序、科学论证，达成一种多数服从少数的合理结论。网络为人们直接参与社会事务、国家管理献言献策提供了平台，法律确保了每一个人在自由参与公共领域进行交往对话的权益。

网络法治能否在人们心中牢固扎根很大程度上取决于网络法律的价值与大学生法治愿景的契合度。网络法律所弘扬的平等价值能否实现，成为大学生接受并认同网络法律，进而信仰网络法律的重要基础。加强大学生网络法律法规的平等价值教育，有利于培养大学生网络参与的民主意识，提高大学生监督政府权力运行的积极性。

3. 人权价值

人权是把个体作为人类中的一员来对待的权利。人权的内涵丰富、外延广博，不仅有政治层面、道德层面的人权，也有法律层面的人权，法律上的人权只是人权法律化的一部分。人的基本属性是法律人权的主体依据。人的基本属性主要包括自然属性、社会属性、精神属性三个层面。人是自然界中的一员，也是社会中的一员，从生到死就处于多种多样的社会关系之中，人与动物的最大区别在于人是有意识、有理性的。

网络法律是社会发展到一定阶段的结果，尤其是网络技术的广泛普及，网络逐步成为人们日常生活中密不可分的一部分，为了维护社会的公序良俗、惩恶扬善，人为自己设立网络空间的法律法规。法律人权的基本内容包括人身权、政治权、经济权、文化权、生态权，每个公民都应该享有健康、文明、和谐的网络环境的基本权利，大学生的网络生活主要围绕着政治参与、经济活动、文化交流等方面，与法律人权有着千丝万缕的联系。

在现实社会中，法律集中保护有形的人格利益，如生命权、健康权等；而在网络虚拟社会中，人与人之间的交谈、贸易、购物等活动的空间性、物理性被隐去，各种网络活动通过网络的数字化来实现，没有直接的身体接触，而以精神型人格侵权的违法犯罪行为逐渐增多。将网络法律的价值提高到人权的高度上，就是突出强调网络法律保障大学生的基本权利的重要性，珍视享有健康、文明网络环境的权利。

（二）网络法治的思维培育

无论是制度的安排，还是法治实施的各个环节，以政治道德意识形态为核心的价值观念占据统领地位。政治思维强调党和国家政策的政治效果、社会效果，即政策的有效性和公众的可接受度。法治思维是指以法治价值和法治精神为导向，用于分析、判断具体的社会问题，从而形成决策和行为的过程。法治思维是政治思维中的理性思维，法治思维侧重于法律的正当性和行为的合法性。它以保障公民权利、限制公权力为核心，通过法律自身的规范性引导和提高公民与政府行为的合理性与确定性。

大学生网络法治教育由政治意识导向法治思维引导的转变，并不是否定法治教育的政治性，而是在社会主义法治观念的基础上，为大学生分析、处理网络社会问题和评价自身、他人行为提供一种新的思路、新的标准而非具体的法律意见。

1. 法律至上思维

法治与人治最显著的区别在于法律在社会中的地位，在法治社会里，法律具有普遍约束力和最高权威性，通过规则体系的设定尽可能地将社会问题转化为法律问题，最大限度的发挥法律在社会调控方式中的首要地位。法律的至上性主要是指法律面前人人平等，任何组织和个人没有法律以外的特权。无论任何他的职位多高、地位多高，法律不受任何个人意志的支配，不为任何非法权力所控制，任何人一旦触及法律底线，绝不姑息纵容。在法治国家，法律具有至高无上的权威，法律在经济领域、政治领域、社会领域发挥着首要的调节作用。法律应在任何方面受到尊重而保持无上的权威，执政人员和公民团体只应在法律（通则）所不及的个别事例上有所抉择，两者都不应该侵犯法律。在当下中国法律应当成为人们首要的调节方式。

自20世纪80年代起，互联网在中国的发展经历了多年，由于我国互联网起步晚、发展迅猛使得网络空间的法律法规制定滞后于网络社会的发展水平，网络法律法规尚不健全。大学生的网络行为选择处于法治懵懂阶段，多数情况下，遵照道德约束、社会习俗等规范个人行为，法律在网络空间的社会调控作用被其忽视。法律至上思维就是将网络法律调控网络社会的首要方式，突出网络法治在高校思想政治教育中的地位与作用。因此，高校网络法治教育应当将所有的大学生纳入教育范围，对其进行系统的网络法治教育，并且树立网络法律的权威性。

2. 限制权力思维

法治的目的在于保障公民权利，公权力来源于公民权利，权力是手段，权利是目的。限制权力的方式有两种：一种是政治制度层面的权力制衡权力，另一种是法律层面的权利制约权力。法律法规为国家机关及其公职人员提供了权力合法性的依据，划定了运用权力的边界，促使权力在法定范围内行使。显然，单纯依靠制度不足以达到防止权力滥用的目的，更重要的是培育民众法律约束权力的机制和理念，实现对公权力的广泛监督、时时监督，保障私权利不被非法侵犯。在社会转型时期，社会要求法律适应它的发展做出新的调整，法律的相对稳定性要求社会发展稳步前进，实质上是"破"与"立"的问题。凡是属于重大改革要有法有据，法律需要修改的先行修改法律，遵循了先立后破的原则，防止以改革破坏法律的权威性，凸显法律的刚性。

限权思维是法治思维的核心，是指约束权力任意行使的思维方式，在法治国家中，限权不仅表现为国家权力的范围受宪法和法律的制约，更体现在公民享有普遍的政治权利参与国家治理和社会管理，公民权利在国家治理现代化中的角色由被动防御转为主动参与。一方面，大学生的自我意识、独立意识逐渐增强，对于新鲜事物有着较强的接受力，网络成为他们认知世界和社会的重要媒介；另一方面，大学生对于国家大事、社会热点怀着较大的热情和期盼，网络不仅推进了政府事务的公开化、透明化，也成为大学生自由发表言论、积极进言献策、主动监督政府行为的重要平台。

因此，高校角色应当由"管理者"向"服务者"的转变，及时公开学校相关活动，尤其是关系到大学生切身利益的事项，例如奖学金的评选、优秀毕业生的选举等，从而提升学校的整体形象、凝聚师生共识。

3. 正当性思维

法治思维是以法治精神为指导的，法治精神所内含的公正、民主、平等、人权等法治理念。正当性思维不同于日常思维、结果思维，日常思维下人们往往直接接受事物存在、形式、功能等规定当作理所应当的存在，不去深究事物所蕴含的内在规定，以惯性思维取代法治思维。结果思维强调从结果的正确性、合理性作为出发点和归宿点，以道德意义上的正确性取代行为手段、过程的合规则性，无视规则、逾越规则。正当性思维就是以公正的法律作为判断是非曲直的主要标准，判断自身行为、他人行为、社会关系正确与否的思维方式。当人们遇到问题时，首先考虑的是当事人的行为是否合法合规，把法律作为评判人们行为正当与否的首要标准。

因此，法治教育思想性应当与法治教育的知识性教育并重，注重在法治教育教学中渗透民主、自由、人权等现代法治精神，否则，法治素质教育就会异化为法律法规知识传授，失去了法治教育应有的独特魅力。

4. 程序性思维

程序法治是人们追求自由与平等、保障个人合法权益的保障。法治是理性之治，法律是众人智慧的结晶。法律程序并不能保证结果的绝对合理，但是尽可能地降低了当事人对结果存在异议的可能。法律程序具有制度化的说理功能，鼓励人们说理讲理并提供有效的制度保障。法律的制定、废止、修订、执行有一些严格的程序与规定，通过民主参与制度确保公众的诉求得以真正表达，公民的切身利益以法律的形式确立下来，实现正当利益的合法化、制度化。因此，程序不仅是保障实体法治的有效手段，也是防止司法权、行政权超越法定职权范围，保障公民合法权利并提供救济的机制。

随着政务活动网络平台相继建立，多元化网络主体的参与意识、互动意识不断增强。政府信息公开不仅强化了政府公共服务职能，也推进了政府职能部门体制的优化，更为重要的是网民的民主参与权、公共监督权得以更好地运用。网络增进了政府与公民的平等互动、有效沟通，引领社会成员关注国事、时事并建言献策，同时培养网络主体有序参与政治生活的程序意识。网络主体只有充分的表达自己的现实诉求，网络法律法规才能真正反映广大人民群众的真实心声，进而保障社会成员的切身利益。网络法治素质教育就是要改变以往网络法治教育中侧重网络法律的实体、忽视网络法律的程序的现象，发挥法定程序在网络领域的法治治理中的作用。

因此，教育者应当转变传统的教育理念，扭转将网络法治教育等同于网络法条的误读观念，加强网络法律的程序性教育。高校在日常教育教学管理和学生管理中营造按规矩办事的良好氛围，有效利用校园网做好法治教育宣传工作，并建立网络法治教育的主题网站，设立专门人员负责大学生现实生活中的法治咨询。

（三）网络法治教育的目的

1. 义务观

随着社会法制化进程加快，高校法制教育宣传取得很大进展，大学生群体权利意识得以唤醒和增强，大学生不仅享有法律法规赋予公民的各项权利，同时享有教育法、院校赋予学生的相关权利与自由，法律法规和教育政策的出台为大学生维护自身权利提供了强有力依据，激发了大学生维护切身利益的积极性与主动性。网络为大学生充分运用人身自由权、言论自由权、批评建议权、监督权、知情权等搭建了平台，同时也为权利的泛滥埋下了隐患。

教育者应当帮助大学生正确处理权利与义务的关系，树立正确的权利观、义务观，既要防止大学生出现只讲权利不讲义务的泛权利极端倾向，更要避免被动守法权利淡漠的错误倾向。在网络空间守法的前提下，加强网络领域的民主参与权、自由表达权、批评建议权等，当自身权益受到非法侵犯时，能够自觉维护合法利益。为此，可从以下两个方面着手：

（1）网络法定权利与网络法定义务有着明确界限。权利是规定或隐含在法律规范中，实现与法律关系中，主体以相对自由的作为或者不作为的方式获得利益的一种手段。义务则以相对抑制的作为或不作为的方式保障权利主体获得利益的一种约束性手段。利益是权利的直接动机，网络主体可以在法定范围内自主决定是否享有、行使、转让某种权利，权利具有能动性、可选择性特点，义务则更多地表现为受动性。在确立利益、追求利益上体现为两种不同的行为方式。权利与义务以法律的形式合理地进行利益分配任何人或组织在行使权利与义务时都要以法律为准绳，一旦超越法定的界限，权利与义务便失去了原有的性质。

（2）权利与义务相互依存、相互渗透、相辅相成。首先，两者结构相关。没有无义务的权利，没有无权利的义务，同一法律关系中，权利与义务不能独立存在，同一主体在不同法律关系中，拥有的权利与义务内容不同。其次，权利与义务存在数量上的等值关系。权利范围是义务的边界，权利主体有资格要求义务一方履行法定义务，以保障合法权益的实现，同样当超越法定权利的限度时，义务主体可以拒绝权利主体的非法要求。最后，权利与义务功能上互补。法律直接价值目标是确定并维护某种利益，权利是利益的直接表达形式，为人们达成希望的结果提供选择空间，自我意志能够自由表达。义务是为了避免出现不希望的后果，克制自己任意选择的行为，以约束机制强制某些积极行为、防范某些消极行为出现。权利以利益为导向的激励机制实现自由，义务以有序为指引的约束机制实现秩序，从某种意义上来说，义务的设定以对权利一方的认可与尊重为前提，为了不失去人身自由，从而保障自己追求合法利益的权利得到普遍同等对待。

2. 权利观

以存在状态为划分标准，权利主要有三种状态：应然的权利、法定的权利、实然的权利。培育大学生网络领域权利意识旨在实现"两个转化"：①丰富大学生网络领域权利知识，优化法定权利向实然权利转化的制度环境；②增强大学生群体的权利主体意识，充分而自由表达利益诉求，促进应然权利向法定权利的转化。

应然的权利，是指人们基于一定的生产力和社会条件的发展而产生的利益需求，认为应该被承认和享有的权利。应然权利是未经法律化的一种权利，并不意味着它不存在。网络社会治理法治化不仅是一个国家或地区的必然选择，也是全球协作、互助共赢的明智之举。网络初衷在于自由表达、资源共享，人们有权利享有自由民主、和谐有序的网络环境。提升大学生网络法治素质就是要加强权利意识，以应然权利为标准促进权利立法，丰富和完善权利体系，同时对现有法定权利起到评价和校正的作用。

法定权利，是指经法律认可或规定并且明确的公布于众的权利，即法律化的权利，在法治社会，法定权利还包括依据法治精神、法治原则、法治思维推定出来的权利，法定权利是权利的主要存在状态。

实然权利，是指人们在现实社会中实际享有的权利。网络主体的权利能否实现及其实现程度，离不开网络法定权利的完善和制度的保障，也离不开法治主体对网络法定权利的认识和掌握程度。虽然网络法律规定了人们享受什么权利，享有多少权利，这并不意味着网络空间的法定权利自然而然地成为实然的权利，这种转化依赖于网络领域权利的可行性、政治经济制度的保障，依赖于人们权利意识的觉醒、维护权利的实践。网络法治教育正是通过系统的网络法律的知识传授，让大学生明确认识到享有哪些权利，唤醒他们在网络空间的权利意识，加快网络领域的权利由"文本"走向现实的步伐。

3. 维权观

正确的权利意识是大学生维护自身合法权益的前提条件，维护权利是大学生网络法治素质外化为行动的具体表现。加强大学生网络维权意识教育需要做好以下两方面工作：

（1）厘清网络权利的内容是什么。大学生自我意识逐渐增强，他们渴望追求权利却不知道享有哪些权利。教育者首要任务是教授给学生网络领域的法律法规，让学生了解享有哪些权利、权利的多少，同时尊重他人的合法权利。

（2）明确维护网络维权的途径和程序。道德层面应该矫正享乐主义、个人主义，帮助大学生树立正确的消费观、价值观。因此，高校教师应该充分发挥课堂教学主渠道优势，授予网络领域的法律法规，教给大学生以何种途径、何种程序保障自身权益不受侵犯。同时利用微信、微博、BBS 等新媒体搭建新平台，由法学专业背景的老师负责大学生线上法律咨询，为大学生解决法律疑问、法律纠纷提供援助。

第三节　大学生网络法治教育的强化路径

随着互联网的高速发展，网络载体在高校法治教育的工作中发挥着越来越重要的作用。高校需要与时俱进，因地制宜制定教育计划，合理运用网络对大学生进行法治教育，不断增强大学生的学习积极性，提升大学生的法治素养。

一、强化大学生网络法治教育的师资力量

（一）加强教育者的网络信息素质教育

"高校作为知识人才的聚集地，是我国开展法治教育的重要阵地。"[①] 目前许多高校教师都在借助网络载体开展大学生法治教育工作，但网络载体的使用需要高校教师具备一定的网络技术能力。教育者要不断增强网络信息素养，提升网络使用能力，在教育过程中灵活的使用网络载体，从而提升法治教育工作的效果。

首先，对法治教育教师开展网络技术的相关培训，增强教师的网络运用能力。在互联网时代，高校教师想要充分的利用网络载体开展法治教育工作，首先要拥有较强的网络技术能力。高校在对教师进行网络技术培训时要以实用性为重点，提升教师的实际网络操作能力，从而使教师的传统教学优势与信息技术高度融合起来，了解网络平台的功能，掌握网络课程的制作方法，并将网络课程与线下的法治教育课程相结合，营造良好的线上与线下结合的法治教育体系。尤其是法律类专业教师，通过网络技术的相关培训，可以通过网络平台制作出专业的法律课程。并将在线法律专业课程简化之后引入到非专业大学生法治教育课程中，达到专业和非专业法治教育的兼顾，既能够减少教学的工作量，也在教学过程中提升了大学生的学习积极性，增强大学生整体的法治素养，从而更好地发挥好法治教育者的作用。

其次，加强法治教育者的网络道德素养教育。法治教育工作者在处理网络信息时要始终坚持正确的工作目标，有着强烈的社会责任感，具备良好的网络道德意识，能够自觉遵守网络法律法规，抵制违法、迷信的行为。特别是对大学生网络法治教育内容的选择上遵

[①]　陈思琪. 开展大学生网络法治教育的必要性及其意义 [J]. 法制博览，2021（5）：181.

循大学生成长规律，结合实际情况，选择符合法治教育目标要求的案例和材料进行教学。法治教育工作者要能够以身作则，尊重学生的个人隐私，合理的开展法治教育工作。

（二）转变网络法治教育者的思维方式

高校想要不断深入开展法治教育工作，需要转变教师的教学思维，创新教育理念与教学方式方法。在网络世界中，大学生的主体性得到极大的增强，可以依据自身的学习兴趣学习法治知识，在网络中接受的内容可能还要多于教育者，这就使得法治教育者要转换思维模式，依据实际情况开展法治教育工作。

1. 由"教导者"向"合作者"转变

由"教导者"思维向"合作者"思维转变。高校教师要想提升大学生网络法治教育效果，要对自身的思维模式进行转变。在传统的法治教育中，教师在教育的过程中占据着主导地位，大学生法治教育的内容由来教师决定。但在网络环境中，高校教师要借助网络优势成为大学生学习成长的"合作者"，高校教师可以让大学生来决定要学习的法治教育内容，给予大学生更多的学习自由，与大学生共同进行法治教育的学习。高校教师通过这种合作式的法治学习，有利于提升大学生的法治学习兴趣，促进大学生主动地学习法治知识，从而提升网络法治教育的效果。

2. 由"管理者"向"服务者"转变

由"管理者"思维向"服务者"思维转变。高校教师在开展网络法治教育工作时，要以"服务者"的身份对大学生进行法治教育。高校教师要了解大学生的发展特点和学习需求，有针对性地对大学生开展网络法治教育工作，满足大学生的法治学习需要。此外，高校教师要扮好"服务者"的角色，提供优质的法治教育资源，结合网络的优势，提供更加细致的法治教育服务，鼓励大学生主动地进行学习，从而提升大学生的法治教育效果。

3. 由"权威者"向"对话者"转变

由"权威者"向"对话者"思维转变。在传统的法治教育过程中，教师被看作权威者，大学生依据教师的教学方式进行法治教育的学习。然而随着网络技术的普及，大学生可以通过网络途径接受法治教育，获取需要的法治知识，主动的进行学习。这在为大学生带来学习的便利同时，也对教师的权威发出了挑战。高校教师需要转变思维方式，以"对话者"的思维开展网络法治教育工作，要与大学生进行平等的交流和沟通，帮助大学生解答学习上的困惑，提升大学生的法治学习积极性，促进大学生法治观念的形成。

（三）建立专兼结合的网络法治工作队伍

想要不断增强大学生网络法治教育，高校要建立一支优秀的网络法治工作队伍。高校的法治教育工作者，不仅要拥有丰富的法治知识，还要有良好的网络信息素养，能够掌握并运用网络技术开展法治教育活动。高校要结合学校发展情况，制定网络法治工作队伍建设计划，开展专兼结合的法治建设队伍建设。高校要不断完善法治建设机制，壮大法治教育队伍，通过理论学习、集中培训、学习考核等方式增强法治队伍素养和工作能力，为开展各项网络法治教育活动提供保证。高校在进行网络法治队伍的建设时，领导干部要率先做出表率，带头学习法律知识、党内法规和网络技术，鼓励教师积极学习法治知识，提升法治素养。高校教育者要学习习近平法治思想、宪法、党内法规、教育法律法规、常用法律法规，以及与履行岗位职责相关的法规政策。

高校在建立网络法治工作队伍时要注意：①明确网络法治教师队伍建设的整体要求，即专职为主、专兼结合、数量充足、素质优良的网络法治教师队伍，要加强人才队伍的建设；②明确各教师的岗位职责和要求，要求各教师能履行岗位职责，完成法治教学任务；③明确网络法治教师队伍建设的工作重点，对照规定，确定对队伍建设的要求。高校教师在进行网络法治课程教学时，要将最新法治思想融入课程中，帮助大学生树立正确的法治观念。高校要立足学校发展特色，结合校园文化，积极开展网络法治教育活动，鼓励大学生积极参与活动。

二、优化大学生网络法治教育的途径

（一）建设法治教育主题网站

近些年来，国内许多高校都建立了专门的法治教育主题教育网站。主题教育网站的建设有助于满足大学生学习需求，大学生可以在闲暇时间登录法治教育网站，查找学习资源，进行更深入的学习。目前许多高校都开设了法治教育相关的主题网站，比如四川外国语大学的思政网、暨南大学的网上党校、中国人民大学的人大青年网、河北大学红色战线等。现今许多高校的法治教育网站收获了一定成效。但许多法治教育网站在现实运作的过程中还存在一些问题。因此，我们要不断更新法治教育网站运营机制，加强法治教育网站内容建设，提升法治教育网站的质量。

1. 优化内容与形式

高校要优化法治教育网站的内容与形式。在法治教育网站的建设中，内容与形式是

"血"与"肉"的关系，是法治教育网站的建设的重中之重。高校要对网站中的法治教育内容进行分类，将网站的法治教育内容分成不同的栏目板块，对栏目板块的法治内容进行相应的整理和及时的更新。如法治教育网设置了资讯中心、普法资源库、法规库、法务指南、精品课程、典型案例等栏目。在资讯中心栏目中分为新闻中心、法治政府建设、法规问答与征集等小栏目，在法规库栏目中设置法律、行政法规、地方政府规章和部分规章小栏目。在精品课程栏目中放入"消费者权益保护法""侵权责任法""担保法""劳动法""物权法"等法治教育课程。在法务指南栏目中设置诉讼、仲裁、请律师、法律援助、司法鉴定等小栏目。

高校在建设法治教育网站要结合学校发展特色对法治教育内容进行分栏，法治教育内容要具有鲜活性，将深奥复杂的法治专业知识转化为通俗易懂的理论知识。此外，高校要通过法治教育网站对大学生进行教育时，要以大学生喜闻乐见的形式进行教育。让大学生愉快的接受法治教育，在图文并茂中学习法治知识，不断增强法治主题教育网站的吸引力。

2. 增强网站灵活性

高校要增强法治教育网站的灵活性，在原有的基础上进行创新，增加能够增强学生参与性和体验感的新版块。高校教师在通过网络对大学生进行法治教育时，要结合学生发展特点和实际需求，提供大学生感兴趣的教育内容。高校可以在法治教育网站中开设法治知识讨论和辩论专区，并设置相关的留言板，让学生在学习之后发表自己的观点，对相关法治知识点进行讨论，进行内容的深入交流，从而加深高校大学生对于相关法治知识的理解和运用。高校在建设法治教育主题网站时，要有意识地学习和借鉴其他高校优秀网站的成功经验，促进高校网络教育之间的交流与合作，共享法治教育资源，以此来共同发展，共同进步。

高校法治教育网站的建设者要在法治教育网站突出网站链接，根据内容的特点，科学设计分类，如将法律案例视频、法治讲座、法律法规放在不同的类别中，从而引导学生养成良好的法治素养，达到网络法治教育的目的和要求。

（二）积极开发法治教育软件

大学生作为新时代最具多元性、创新性和现代性的群体，更容易被新技术、新平台所吸引。高校通过网络法治教育软件的开发有利于吸引大学生的注意力，提升大学生学习兴趣，从而更好地对大学生开展法治教育工作。因此，在社会网络化、信息化发展大背景下，高校需高度重视法治教育软件的开发与利用，积极推进有关部门开发法治教育软件。让大学生在使用法治教育软件时不断增长法治知识。高校在开发法治教育软件时要注意以下内容：

第一，法治教育软件内容要结合最新法律热点和难点，依据真实法律小案例对大学生的思想观念进行引导，在增长大学生法治知识的同时提升大学生法治价值观。

第二，软件内容采取网状设计，能够清楚地呈现出法治知识点，更方便大学生进行学习，从而提升学习效率。

第三，将晦涩难懂的法治理论知识转换成生动的网络语言，增强法治知识的趣味性，从而提升法治教育效果。

第四，免费提供法治教育相关的电子书籍，帮助大学生通过软件查阅资料，从而满足大学生的学习需求。

（三）加强建设法治教育微课

法治教育类微课是高校借助网络载体开展大学生法治教育的重要途径。微课的时间很短，基本上在 10 分钟以内，设计的法治知识点较为单一，形式具有多样性，这有利于大学生对于专业知识点的学习，加强大学生对于较为晦涩的法律术语的理解。在新时代背景下，高校借助网络载体的优势，将法治教育类内容以微课形式向高校学生传授，能促进高校大学生更加了解法治教育的内容，从中获取更多的法治知识，取得更好的法治教育效果。

高校通过对法治教育微课建设，能够使得法治知识入脑、入心，让大学生对于法治知识有着更为深入的理解，从而有效提升了网络法治教育效果。高校在开发运作精品微课的过程中要处理好每一个环节，做到以下要点：

第一，微课打造需要专业的教育人才，这类教育群体应充分认识与了解什么是微课，具备专业的法治教育类知识，同时也应具备微课制作的能力，比如微课内容设计、视频剪辑等能力。

第二，网络法治教育者应迅速发现法治教育的相关素材，在网络更迭较快的时代背景之下，注重法治教育素材的获取，坚持与时俱进的原则，打造紧跟时代的网络法治教育类微课。

第三，加强法治教育类微课的评估与监管，不能只注重其更新的速度以及传播的广度，而是应注重其微课内容的质量，以评估与监管的方式推动法治教育类微课的建设与发展。

第四，及时反馈法治教育类微课中存在的问题，加强与教育对象之间的沟通与交流，针对其存在的疑问及时解答，使其对法治教育内容的理解更深一步，达到法治教育的最佳效果。

第五，注重微课多平台传播，在互联网时代背景之下，在现实中，人们对于手机的使用度远远超过电脑、平板等工具，因此，应借助手机这一工具，综合运用微信、抖音、快手、微博等 App 大力推出法治教育类微课，加深大学生对法治教育内容接受的宽广度，推动网络法治教育的发展。

（四）完善现行教育考核方式

目前许多高校都在借助网络载体开展大学生法治教育工作，但取得的效果不够理想，缺乏成熟的考核方式。高校要不断完善现有的考核方式，通过对学生进行法治教育效果的考核，提高大学生的积极性，促进大学生制定法治教育的学习计划，主动地通过网络载体学习法治知识。

目前高校也对大学生网络法治教育进行考核。然而，现行的考核方式大多将关注点放在考试成绩上，认为学生在网络法治教育课程的分数高，就代表学生在网络法治教育方面的学习效果好，反之，分数低就代表相关学习效果不好，这种评价显得很片面。对此，已有高校就大学生网络法治教育开始相关改革，认为学生的考试成绩不能与学生的学习效果完全画等号。高校在开展大学生网络法治教育时要不断完善现行考核方式。在今后大学生网络法治教育的考核中，不应以课程成绩为单一或核心标准，而是要加入多元考核标准，注重法治学习过程的考查，加大平时成绩所占比重，积极利用网络来调动学习兴趣，从而增强大学生网络法治教育效果。

高校要设置高效的考核机制，以此来保障和加强大学生对网络载体的运用，让大学生主动地通过法治教育网站、微信、微博等网络工具学习法治知识。针对高校大学生群体运用网络载体进行法治教育的学习评估，应避免单一评估做法，而是应该建立多元化的评价体系，不断细化考核方式，注重课内和课外、线下和线上、理论和实践、平时和期末的学习效果。高校要引导学生进行自主学习，养成积极主动的学风，自主的使用网络观看法治教育相关的视频，并在网络课程平台中对于法治知识点进行讨论，及时提交网络课程作业。高校教师要通过学生的网络学习情况建立合理的考核评价体系，对大学生通过网络学习法治知识的情况进行考查，并给予相对应的平时成绩，并将成绩计入最终学生的考试成绩当中。这既能通过考核使得网络法治教育贯穿于课堂教学的全过程中，也能够提升大学生的学习积极性，使得大学生在课外主动地学习法治知识。

三、充实大学生网络法治教育的内容

（一）增强针对性

在校园生活的大学生有着强烈的好奇心，对于新鲜事物十分好奇，高校在对大学生开展网络法治教育时，要结合大学生学习兴趣，有针对性地设置网络法治教育内容。高校法治教育者在借助网络载体发布法治教育内容时，要当好"把关人"的角色，坚持以习近平法治思想为指导，发挥检查、把关、评价、加工等功能，既要保证网络法治教育内容的针对性，又要保证网络法治教育内容的准确性。

当今高校主要通过理论课程来进行法治教育，内容多以法律概念、原理为主，内容缺乏针对性和灵活性，难以激发起大学生学习的积极性。为了适应互联网高速发展的新要求，高校教师要依据教育目标有针对性地设置法治教育内容。与传统法治教育相比，网络提供了更多的可能性，高校教师可以借助网络载体使得法治教育内容更具科学性和针对性。

首先，合理安排与大学生的专业属性相匹配的法律内容。对于非法学专业的大学生，应该侧重于法治基本知识的积累和法律法规的理解，适当增加与他们相关的法律知识，从而增强大学生的学习积极性，提升大学生的法治意识。对于法学相关专业的大学生，由于他们在学校中已经学习了法学的相关知识，具备了一定的法学基础，那么对于他们的法治教育要更加深入，不能停留在表面，要帮助他们结合自身兴趣从某一些影响性较大的经典法律案例深入分析研究。

其次，合理安排与大学生关注热点相关的法律内容。高校教师在选取网络法治教育内容时，要依据大学生的学习兴趣，结合大学生关注热点，向大学生提供他们想要看、愿意看的优质法治教育内容。高校教师要加强网络法治教育内容的原创性和趣味性，将新鲜实用和有趣的内容加入其中，引导学生阅读和转发，自觉成为法治教育的宣传者。此外，高校教师可以通过网络载体可以对大学生关注的法律案例进行分析，加深大学生对于法治知识的理解，教会大学生如何做到守法、用法，让大学生学会使用法律武器维护自身的合法利益，从而增强网络法治教育的效果。

（二）提升时效性

借助网络的覆盖面广和传播性快的优势，大学生可以足不出户知晓最新法治时事消息，了解法治时事热点。教育者在网络的一边通过鼠标将法治教育内容点击发送，另一边的受教育者就能接收到最新的法治教育内容。现今法治事件每天都在发生，法治信息每天都在更新，法律法规的颁布需要大学生及时知晓，高校教师需要借助互联网平台信息传播的广泛性、快速性等优势，及时地发布法治教育内容，从而有效地对大学生进行法治教育。

高校教师要依据大学生在法治课堂上和校园宣传平台的实时评论，辨别和甄选大学生在某一时期最为关注的法治热点话题，及时地发布法治教育内容，利用法治教育的及时性带动法治教育的有效性。网络法治教育工作者要夺得主动权和先导权，在大学生被纷繁的网络法律信息影响之前，及时地做好筛选和辨别，及时地发布法治教育内容，帮助大学生形成正确的法治观念。

高校教师要确保法治教育内容的时效性，需要关注现实和网络生活中的法律信息，从而及时地发布法治教育内容，避免让一些负面新闻和消息动摇大学生的法治信仰。高校在开展网络法治教育时不能对网络负面法律信息采取"堵、藏、隐"等措施，而是要利用好网络法治信息，化"负"为"正"、转"弊"为"利"，及时地发布教育内容，对大学生的思维观念进行正确的引导。针对最新法律热点案例，高校教师要借助网络载体快速地对案例进行分析，及时地发布教育内容，从而更有效地开展大学生网络法治教育工作。

（三）加强系统性

高校在通过网络载体开展大学生法治教育时，要结合大学生的实际情况，合理开展法治教育工作。对大学生开展网络法治教育是为了增长大学生的法律知识，使其了解国家的法律法规，形成良好的法治理念。因此，高校在设置网络法治教育内容时要注重内容的系统性，要以习近平法治思想为指导，结合高校的法治教育情况，让大学生能够具备更加完整的法律知识体系。

首先，注重宪法知识的教育，将宪法知识放在首要位置。宪法是我国的根本法，对大学生进行宪法教育，是高校思政教育"立德树人"的重要要求，也是高校开展思想政治教育工作的重要内容。因此，高校对大学生开展网络法治教育，普及法律法规知识，要以宪法知识为主，将宪法知识放在网络法治教育内容的首要位置，让大学生在接受网络法治教育时首先学习宪法知识，了解宪法内涵，从而不断增强法治观念。大学生通过网络对宪法知识的学习，有利于更加清楚宪法的重要性，明确宪法是我国建设社会主义法治国家的重要依据，从而更加主动地学习法治知识，增强法治素养。高校可以设置有关宪法知识的网络理论课程，在课程育人的过程中加入宪法相关的知识，此外，还可以开展有关宪法知识的网络竞赛，让大学生积极主动的参加比赛，从而更好地了解宪法知识。

其次，系统的设置其他法律法规知识。高校在通过网络开展大学生法治教育时，要对法律法规知识进行分类，合理开展法治教育工作。高校在设置网络法治教育的内容时，可以从实体法和程序法着手，系统的设置法律知识。如高校将民法、刑法等实体法知识作为网络法治教育内容，增强大学生对于法律知识的了解，使其明确自身的法律权利与义务，从而增强大学生尊法守法意识，提升用法的能力。高校还可以对事诉讼法、刑事诉讼法等各类程序法知识进行合理的设置，让大学生增强运用法律程序解决问题的能力，增强大学生的法律信仰，提升大学生的思想品质与法律意识。

四、净化大学生网络法治教育的环境

（一）构建网络法治文化环境

目前，全国各地的高校都有着丰富的校园文化。高校网络法治文化是全体大学生和教职员工在网络法治生活中的思维方式和行为方式的体现。高校网络法治文化体现了整个校园整体的文化状态和精神风貌，是开展大学生网络法治教育的基础和保障，是高校法治建设的灵魂。良好的校园网络法治文化有利于培养大学生正确的法治思维，树立正确的法治观念，自觉做到尊法、守法。优良的网络法治文化氛围可以促使大学生保持清醒的头脑，使得大学生自觉遵守网络规则，合理使用网络进行法治教育的学习。

因此，高校应重视网络法治文化环境建设，积极营造网络法治的校园文化氛围。高校行政管理部门应始终遵守校园规章制度和国家法律法规，依法治校，依法管网。高校可以通过学生社团开展网络法律知识竞赛等活动，调动大学生的学习积极性，使得大学生主动参与网络法治教育活动，从而形成良好的网络法治学习氛围。同时，高校法治教育工作者要以身作则，带头在网络中学法用法，依法管理学生，开展网上法治教学活动和学术研究，从而更好地引导学生自觉履行法律义务，行使法律权利，培养法律意识，达到通过校园网络文化增强大学生法治素养的目的。

（二）营造良好网络舆论环境

想要推进高校大学生网络法治教育工作，良好的网络法治舆论环境至关重要。网络舆论的实质形态是一种诸多混合状态的复杂适应系统。理性的网络舆论可以正确引导当代大学生的法治观，塑造良好的法治社会，而良好的法治土壤会诞生出更好的网络法治舆论环境。信息时代，各类事件通过网络的快速传播能够很快被大学生知晓，大学生通过网络渠道发表自己的观点，对于一些网络上出现的最新事件、时事热点进行讨论。此时，需要高校营造良好的网络法治舆论环境，高校要正确引导舆论方向，利用大学生能够理解的法律知识、法律方法对热点案件进行解释和引导。引导舆论需要高校教育者掌握多种方法，通过多种渠道，运用法治思维分析问题，让大学生在网络交流中能够具备独立的法律判断能力，提升自身法治意识。

良好的网络舆论环境，有利于大学生法治教育活动的开展，帮助大学生建立正确的法治思维，形成正确的法治观念。高校法治教育者需要灵活应用各种教育载体，尊重网络事实，合法的引导网络舆论。高校可以通过网络载体，帮助大学生了解最新法治事件，增长法治知识。高校可以通过专题法律网络论坛、法律微博等网络法治教育途径引导网络舆论，让大学生对于网络舆论有着更加清晰且符合法律精神。对于社会热点事件，除了广播、电视、报纸等传统教育载体之外，各高校可以通过微信公众号、抖音号等网络平台发表法治专题的文章进行评论，正确引导网络舆论，塑造良好网络法治舆论环境。一些大学生由于受限于个人法律知识和法律观念的欠缺，对于事件缺乏正确的认知，出现了一些较为偏激的言论。此时就需要高校法治教育者进行正确的引导，以法治思维对事件真相进行解读，正确引导舆论方向，对大学生进行正确的网络法治教育。

（三）加强网络载体监管管理

网络对于当代大学生而言，是一把双刃剑，既有利于他们的成长，也有其负面影响。网络世界中存在着丰富的法治教育资源，大学生通过网络可以更快速获取自身需要的法治信息。网络世界同样也存在着许多负面信息，这些信息对当今大学生进行误导，使得大学生形成了错误的思想观念，降低了大学生网络法治教育工作的效果。因此，高校要及时发现并清除网络不良信息，加强对网络载体的监督和管理。

首先，网络空间同现实社会一样，既要提倡自由，也要保持秩序。加强网络载体的监管，就要加强对于网络信息的监督管理。对网络信息进行监控，可以及时地掌握到大学生的思想动态，因此可以适时地开展网络上的舆论引导，更好地提高社会主义核心价值观中的法治观教育。目前，我国对于网络信息的监督与管理主要是依靠国家出台的制度、规范和政策等。想要对网络法治教育信息进行有效的监督管理，高校要严格把控网络教育信息的源头，在法治信息传播的过程中开通举报投诉渠道，以法律规定的标准对网络法治教育信息进行审查，过滤掉网络低俗负面信息，将不良信息阻挡在法治教育之外。高校可以在网络载体的具体运用中设立投诉窗口，在收到大学生的投诉后，及时对相关问题进行处理，消除网络法治教育内容的不良信息。高校和政府要加强网络载体的实名认证，大学生要先进行实名认证后才能使用相关网络法治教育课程，从而规范大学生的行为习惯。

其次，积极监督网络法治教育服务供应商，对于网络法治教育内容和信息的管理。在网络世界中存在丰富的信息资源，单单依靠政府和高校对网络平台进行管理是不现实的，需要和服务商共同进行管理，才能有效地对网络法治教育信息进行监管。在对网络法治教育信息进行监管时，网络服务商的作用不能忽视，高校要督促网络法治教育服务商对网络法治教育信息进行管理，相互协调，相互合作，发挥网络服务商的优势，实现共赢。网络法治教育服务商可以使用先进技术建造网络防火墙，隔绝外界不良信息，同时还要对于网络上的法治教育信息进行大范围的检测，及时发现并清除不良信息。此外，网络法治教育服务商对于网络法治教育信息要进行严格的把关，通过先进的技术手段增强网络法治教育信息监管的操作性，使得网络信息监管更易于操作。

第四章 当代大学生隐性法治教育研究

"法治教育的隐性课程可以通过与法治生活的有机联结，以间接的、内隐的方式来传递法治观念以及法治精神。"通过隐性法治教育的实施，"法治教育将凸显出生活性、行动性、间接性、持久性等特质，避免法律知识、条文的直接灌输的弊病。"①

第一节 大学生隐性法治教育的特征及功能

特征是指某一事物区别于其他事物或某一现象区别于其他现象的独有属性。要想获得对事物本质的认知，就必须要深入事物内部研究它的内在特征。由于隐性法治教育是一个复合词汇，包含了"隐性"和"法治教育"两个方面，同时，法治教育又隶属于思想政治教育，所以说，隐性法治教育的特征既包含了隐性教育的特征，又包含着法治教育和思想政治教育的特征。既有文献中对隐性法治教育的研究较少，对其特征的研究和表述也尚未形成系统性的结论，加之隐性法治教育本身的复杂性，因此，对隐性法治教育的特征加以探究就显得非常有必要。

关于隐性教育的特征，相比于显性教育的公开、直接、专门、规范等特点，隐性教育的特征主要体现在教育目的潜隐性、教育方式的"非规范"性、教育内容的渗透性和教育对象的自主性等方面。同时，隐性教育的特征也可以归纳为潜隐性、随意性、不可预测性、开放性和自主性等五个方面。法治教育是思想政治教育的重要组成部分，不同于其他的专业知识教育，它和思想政治教育一样，更强调政治上的认同性、思想上的引领性和情感上的归依性，其最终指向的是人们的思想和情感。因而相对于隐性教育，隐性法治教育在具有一般隐性教育的特征外还有其特有的属性和特征。

---

① 叶飞. 论法治教育隐性课程的建构 [J]. 中国教育学刊, 2018 (03): 11.

一、潜隐性及其渗透功能

在辞源中，"潜"是指"隐藏、隐没，秘密地、悄悄地"，"隐"则是指"藏、隐晦"。潜隐性是指教育主体在教育过程中通过巧妙设计，将教育目的、教育内容等隐藏在教育客体的日常生活和社会活动之中，通过激发受教育者的兴趣、回应他们的需要，在潜移默化中向其传递知识内容、对其进行思想观念的影响和塑造，进而达到预期教育目的的形式。

在我国，法治是作为一种社会理想通过符号化的形式进入到社会成员的思维和心理层面的。在我国古代，社会和谐是建立在"君君、臣臣、父父、子子"和"长幼有序，尊卑有别"的等级制度之上的，礼法融合、德主刑辅的治理模式在我国绵延数千年。受传统文化的影响，由"天人合一"的和谐观所引发的"无讼"意识成为我国社会的普遍特征。同时，儒家文化注重个体精神修炼和品格修养来调节个人行为规范的思维模式和"修身齐家治国平天下"的致思方式也促成了纠纷解决的非官方化形式。正是在这样的文化背景下，人们对于法治一直处于一种敬畏而疏离的状态，即使进入现代社会，"无讼"甚至"厌讼"的心理依然十分普遍。

自开展全民普法教育以来，我国的大学生法治教育都是通过思政课堂、校园文化活动、党团组织生活等渠道进行理论灌输、知识普及和信念引导。这样的教育方式在我国法治建设初期发挥了重要的作用，为培养与我国市场经济建设新实践所需要的综合型素质人才起到了积极的推动的作用。然而，随着时代的发展与变迁，尤其是在当前社会信息化的大背景下，学生获取知识的渠道日渐增多，青年学生独立思考和批判思维能力逐渐增强，以"灌输"为主的法治教育形式已不能完全满足青年学生的发展需要。一方面，互联网技术的发展极大地消解了教师和教材的权威性，学生可以通过互联网获得更加丰富的法律知识；另一方面，和学生需求并不完全对接的单向"灌输"模式极大地消解了学生的学习热情，学生们对"讲大道理"式的授课形式往往报以虚以应付的心态从而极大地影响了实际的教育效果。与此同时，法治教育作为一种观念性、精神性和行动性较强的教育形式，必然也无法只通过单纯的理论知识传播来达到提升法治素养的目的。法治教育只有和青年学生所生活的现实世界产生紧密的连接，才能实现法治观念与法治精神的有效传递。

相比较于直观的说教，隐性法治教育的潜隐性对塑造人的法治意识和观念有着较强的渗透功能。教育者通过隐匿教育目的和形式，让受教育者在无意识中沉浸到预先创设好的教育情境中来，不带任何偏见和抵触情绪地跟随教育者一起探究并达到教育的意向境地。在这种潜移默化的浸润下，人们对法治的理解与感受从量变到质变，最终达到预期的目的。

二、非智性及其陶冶功能

教育首先是一个精神成长的过程，然后才是科学的获知。在运用概念和推理的直接传达中，真理被表述为抽象的、同一的表达。但在以暗示或体验式的间接传达中，真理则变成可以被感知的、不能被观念所替代的一种形式，人们只能感悟到它，并在真理的发展过程中被触及心灵。在显性法治教育实践中，教育者往往将知识传授和理论灌输作为主要的教育追求，并以受教育者掌握知识和理论的状况作为考核和评价标准。法治知识掌握好并不代表法治素养的提高。真正影响人的行为的，是在知识之外的情感、信念、意志等非智性因素。实际上，隐性法治教育的目的就是期望将社会所要求的法律认知、规则条例、契约规范等理性认知转化为对法治的认同、崇尚、信仰等非智性的感性认知和情感意志，进而能够外化为人们遵法守法的行为并固定成一定的行为习惯。由于显性法治教育主要是以知识讲授、理论灌输为主，这就决定了显性大学生法治教育的理性认知形式。而真正触及人的心灵、使其由内致外被唤醒的教育只有在感性的实践过程中才能得以发生。

感性认识是人们通过直观体验获得的关于事物现象的认识，具有直观性、形象性和经验性等特点，包含了人们按照本身已具有的观念准则、价值标准等对新事物进行认知时所产生的好坏、喜恶等内心体验。感性认识可以分为表象、感觉和知觉三种形式。感性认识中的情感、价值、意志等感性体验是人们开展认识活动的动力源泉，推动着人们不断地去探求世界、发现真善美。区别于显性法治教育的理论知识传递，大学生隐性法治教育更侧重于法治情感、意志和信仰的教育，它更多的是凸显人们对法治的情感，进而以情感为突破口促进受教育者对教育内容的全面吸收。以艺术实践开展隐性法治教育为例，艺术不仅可以使纯粹关照的内容成为形象，给人带来震撼、愉悦、神驰、慰藉的效果，还可以帮助人们拓展思维方式，通过美的形式实现群体教育的效果。如观看戏剧时人们并不仅是单纯地看戏而已，戏剧的内容还会对观众产生触动从而使他们对事物产生新的认知，并通过去除经验式的认知而更接近事物的本真。

正是在这种感性因素的影响下，人们的法治情感得到了陶冶，相应的思维方式和行为模式也随之发生改变，而不仅仅是获得徒有内容的知识。陶冶是人们已有意识的真实再现，受过陶冶的人看待事物会具有一定的层次视角，同时会根据客观的本真开展行动，而不是一味地依据固有原理机械地行事。从实在论的角度看，陶冶是现实的知识，它使受教育者之间的交流成为可能。这种通过受教育者自己领悟、体会之后融入自身深层认知结构中的情感、意志和信念，由于其本身具有鲜活的经验性，因而更不容易被遗忘，取得的教育效果也更持久和可持续。

因此，陶冶在人的生活实践中发挥着重要的教育作用。不少诺贝尔奖获得者在发表获奖感言时都会提到良好的校园氛围对他们的影响和熏陶，这恰恰证明了隐性教育的非智性对人的陶冶熏陶所带来教育成效的持久性。

三、非正式性及其弥散功能

隐性法治教育的非正式性是相对于显性法治教育所具备的正式性、标准性和规范性而言的。在传统的显性教育范式下，大学生法治教育是按照上级指示，针对大学生群体实施的有目的、有计划、有步骤和固定教育内容的规范的教育方式。而隐性法治教育则是利用了人们社会生活和日常生活本身所存在的形式，如日常生活空间、社会文化环境、日常组织管理等，通过将隐含的法治因素转化为对学生无处不在的有目的的影响，从而达到教育的效果。

生活世界是由一些不确定的、可渗透的、不可超越的界限构成的，那些隐含的、前反思的形式构成了人们的生活世界。而法律作为一种维持社会秩序、调整社会成员行为规范的手段，恰恰以理性的形式记录着发展的经验和被经验考验过的理性。当我们直面法律时，如果所面对的只是无数规则和命令的汇集，而不能理解其中所蕴含的价值和精神时，那么法律就只是一堆条文，而不会被赋予生命和活力。只有当它被理解为积极的、鲜活的人类活动时，才能包含人的全部生命，并成为他们的终极关切。由此可见，法治及其作用的发挥都同人们的日常生活紧密结合，而只有被人们所经验和认同的法治才能真正地发挥作用。触及人心灵的教育从来都不是靠简单的知识讲授就能实现的。

日常生活中的环境、事件、文化等非正式性的情境同样具有强大的渗透力。如以法治严明而闻名的新加坡，注重将法律规定渗透到社会的方方面面，包括道德教育和精神文明建设的诸多内容都被纳入了法治的轨道，如随地吐痰、乱丢垃圾、随地便溺、乱涂乱画等在其他国家法律中无案可查的内容都被予以了立法处罚并严格执行。而在瑞士，也同样注重将法律精神和法治观念贯穿于人们的生活情境之中。这些镶嵌在日常生活中的规则、舆论、信息、事件等无时无刻不在影响着人们的思想和认知，进而弥补了显性法治教育所无法覆盖到的生活和空间。

可见，这种镶嵌在日常生活中的隐性法治教育因为其"非正式性"的特征而弥散在人们日常生活的方方面面，其间接性、多样性的特点更容易消除人们对传统说教的逆反心理和抵触情绪。一个镜头、一幅宣传画、一条标语等都可以对人们的思想和行为产生影响，从而达到提高人们法治素养的目的。

四、渐进性及其持久化功能

开展大学生法治教育的最终目的是使青年学生牢固树立法治意识，自觉遵守法律法规，形成符合一定社会发展所需要的法治素养的过程。这一过程的实质就是将一定社会的法治观念、价值观点、法律规范等内化为受教育者内在的思想认知和自我遵循，成为其思想认识的一部分。这一认知过程是人的法治观形成与发展的过程，也是一个受教育者与外界因素相互影响相互作用的过程。在这一过程中，人们对法治的认知由表及里、由浅入深、由理至情，是一个渐进的、由量变到质变的矛盾运动过程。隐性法治教育的渐进性应从内和外两个方面加以考量：一方面，外在社会环境对大学生法治观念潜移默化的影响是一个渐进的过程；另一方面，大学生法治思维、法治意识的形成是一个随大学生个体发展而逐渐累积的渐进性过程。

首先，外部因素对大学生法治观念影响过程的渐进性。法治观念是社会整体观念的一个重要组成部分，属于社会上层建筑的范畴，就其内容而言，包括人们对法的本质、来源、性能及作用的看法，同时还包括对法律的要求和态度、评价与解释以及个人的守法意愿等。可见，法治观念作为法治实践在头脑中的反映，是人们在长期的生活和实践当中形成的对法治的综合认知。法治的发展是渐进式的，人们对法治的认知也必然是一个长期的、渐进性的过程。与此同时，受教育者总是生活在一定的地域环境和生活环境之中的，他们所处地域的自然条件、社会环境、文化传承、生活特点等在一定程度上决定了受教育者的思想认知和发展水平，同时，他们所生活的家庭、社区、学校以及大众传媒环境等，无不对受教育者的思想认知产生着持续而全面的潜移默化的影响。外在环境处于渐进性的发展与变动之中，人们思想的发展进步也随之发生着渐进性的发展与变化。

其次，隐性教育内在规律所造成的隐性法治教育的渐进性。就大学生隐性法治教育面向的教育对象——大学生而言，他们正处于价值观形成的关键时期，一方面，他们头脑聪慧，求知欲强，对外界充满好奇心和探索欲；另一方面，由于涉世不深，成长经历相对单一，还没有形成成熟稳定的世界观、人生观和价值观，看待问题的方式比较容易走极端，一旦形成某种特有的思想观念便很难改变，需要外界通过教育手段对其进行长时间的引导和影响。

就大学生隐性法治教育发挥作用的内在规律而言，个体接受法治社会发展所要求的法治观念、思想观点、制度规范等并将其纳入自己的价值观念体系，需要经历感受、筛选、选择、理解、认同等渐进性的过程，从而形成对法治的新的思想认知。在获取新认知的基础上，受教育者会将社会所要求的"应然"状态与自己已有的"实然"状态进行对比分析，进而通过采用接纳、排斥或存疑的态度，使自己的思想观念在矛盾运动中加以发展和提升。这一由外而内的内化接受过程不是一蹴而就的，而是遵循客观认识规律的一个渐进性的过程，也因此决定了大学生隐性法治教育的渐进性特征。

正是由于隐性法治教育的渐进性特征，受教育者得以在客观认识规律的作用下一步步地沉浸，在不知不觉、潜移默化中完成思想观念的转化和提升，这种转变一旦完成，便会对受教育者产生深远的影响，从而使教育的效果更加持久化。

第二节　大学生隐性法治教育的基本理论

一、感染教育理论

所谓的感染教育，是指受教育者在无意识或不自觉的情况下，受感染体或环境影响、熏陶等而被感化从而实现教育效果的路径与方法。感染教育比说理教育更加形象、生动，更具有丰富的感情色彩，因而在面对大学生群体时，感染教育的优势也更加突出。为达到理想的教育效果，可以充分发挥感情的感染性力量，寓理于情，使受教育者在富有层次的情绪感染中不自觉地接受教育，达到教育的目的。人在轻松、愉悦的状态下对感知到的信息更容易接受吸收，反之则容易产生反感甚至抵触的情绪。在感染教育中，由于受教育者没有被明确要求要接受某方面的教育或遵守某方面的规范，而是在教育者的暗示，引导和循循善诱下发挥自我能动性去主动地探索与发现，因而在教育过程中受教育者始终处于一种自觉自愿的状态，而不带有任何被强制的意味，所以更容易放下心理戒备而进入一种放松、平和的状态，实现教育的效果。

根据感染介体的不同，感染教育可以划分为三种形式：①形象感染。形象感染包括了受教育者通过参观访问、实地考察等形式，在生动直接的教育情境中接受感染，也包括了受教育者在同他人的交流访谈、言行举止中受到影响和感染。形象感染具有直观、具体的特点，在形象感染的作用下，教育活动可以更加生动活泼，更利于达到预期的效果。②艺术感染。艺术感染则是指借助文学、美术、戏剧、舞蹈、电影等不同的文艺作品形式开展的感染教育活动。艺术感染教育是一种寓教于乐的教育方法，它通过对善与恶、美与丑、对与错的艺术化表达，激发受教育者的情感和想象力，引导他们开展自我教育。③群体感染。群体感染是指在一个群体中，受教育个体间因情感共鸣或情绪共振而在彼此间形成相互影响、相互作用的感染教育活动。根据感染效果的不同，群体感染可以分为正向感染和负向感染。正向感染可以对人的心理产生积极的影响，促进其对真善美的追求，负向的感染则恰恰相反。

在现实生活中，每个人都不是孤立的个体，而总是处于这样或那样的群体之中，也必然会受到群体环境的感染与影响，因此人们常把好的集体或环境比喻为"熔炉""学校"或"摇篮"，而把不好的环境或集体比作"染缸"或"温床"，这里所寓指的正是群体感染的现象。

感染教育并不是一种孤立的教育方法，而是同其他教育方法一起共同作用于人，最终达到以情动人、以理服人的效果。相比较于说教为主的显性教育，感染教育更加喜闻乐见、生动活泼，更符合青年学生的心理特点，因而对青年大学生也更具有吸引力，更能引发他们情感上的共鸣，从而收到良好的教育效果。

二、缄默知识理论

知识是符合文明发展方向的、人们对物质世界和精神世界探索结果的总和。在人类对知识进行理性探索的过程中，人们发现，除了可知可见的显性知识外，还有一种不可直接言说但却不可忽略的"非理性灵魂"或"经验"，那就是缄默知识。

人类有两种知识，即显性知识和缄默知识。显性知识是可以用概念、公式、图形等加以表达和转述的知识，而缄默知识则是人类知识体系中无法言传、不可明示的知识。与显性知识相比，缄默知识具有以下特征：

第一，非逻辑性，指这部分知识不能通过语言文字等对其进行逻辑化的说明。

第二，非公共性，指缄默知识不具备通过公共课堂进行传播的特征，因为缄默知识不像显性知识一样可以通过规则的形式加以传递，因而缄默知识也不具备显性知识所具备的公共性和主体间性等特征。但这并不是说缄默知识就不能被传递。缄默知识虽然不能通过正规的教育渠道来进行传递和掌握，但却可以通过个体在实践中的摸索、感悟和同行间的切磋来获得。因此，学习者在对知识权威的观察模仿中可以不知不觉地习得科研的技巧。

第三，非批判性，指缄默知识不能被他者批判或反思的特点。这是因为显性知识是人们通过推理过程而获得的有形的知识，因而也可以通过理性的推理对其进行反思和批判，而缄默知识是无形的,是人们通过感观或直觉获得的不可言说的知识,因而不能对其进行批判和反思。虽然缄默知识不容易被传递和反思,但它却在事实上支配着人类的认识活动,为人们的认识活动提供了知识信念和解释框架,同时也为人们获取显性知识提供了导向。

缄默知识理论具有丰富的教育意义,也为我国当前的教育改革与实践提供了重要的参考和借鉴。在我国以往的教育理论和实践中,"知识"无一例外地被看作一种有形的客观存在,是经过前人反复检验了的、能够正确揭示或反映外部世界本质及其内部联系和规律的认识。在这种知识观的引导下,"课程"被看作是对客观知识的选择、组织、传播与评价,"教学"被看作是维护和再生产这种知识客观性信念的过程,学生的学习也只是一种以掌握这种客观知识为主要内容的特殊的认识活动。这种知识认知,使教师在教育教学过程往往忽略了缄默知识的存在,学生也由于缺乏缄默知识的充分参与而不能调动自己非智性的力量,从而导致对有形知识的依赖心理而丧失了自主探索的好奇和热情。教学过程无论对教师而言,还是对学生而言,都成了一种机械单调、索然无味的被动应付。为克服这种教育实践中的痼疾,我们需要从缄默知识的视角重新审视我们的教育理论和实践,积极借鉴缄默知识的重要参考价值开展隐性教育,从而提升教育的有效性和针对性。

三、潜意识理论

潜意识理论是弗洛伊德人格心理学的一个重要组成部分。人的精神生活由三部分组成:意识、潜意识、前意识。其中,意识是个体层面能够觉察到的自我观念和感觉,是个体心理的表层活动。潜意识又被称为无意识,是个体受生命历程中已发生事件的影响但却因各种原因被压抑而未被觉察的心理活动。前意识是介于意识和潜意识之间的部分,虽然不能像意识一般即刻被唤起,但经过努力却可以转化为意识层面的心理活动内容。人的潜意识虽然被压抑,但它却是以人的意识能力为本质并且基于人的意识和意识能力才得以生成的,潜意识幻想或者总是属于潜意识并且形成于潜意识,或者,更常见的,它们曾经一度是意识层面的幻想,白日梦,且已经被有目的地遗忘而为潜抑作用趋入潜意识界中。

可见,潜意识是人的意识被压抑而导致的一种意识形态,由个体无法觉察的经验和记忆构成,可能包含了个体所不愿意面对的悲伤、愤怒、羞耻、痛苦等情绪,虽然不被人所觉察,但它却隐藏在个体的人格深处并干扰着他们的意识和行为。潜意识所发挥的功能是人类在生存进化过程中不可缺少的一部分,它包括原始的本能、冲动、童年的心理印记、观念、人格等。由于潜意识多是个体在生活实践中被压抑到意识深处的感受,所以潜意识具有来源多元性的特征，它和个体所经历过的环境紧密相关。同时，由于潜意识的捉摸不定，因而需要在有一定刺激的环境下使潜意识被触发并以一定的方式进行呈现，参与到意识中来。

潜意识理论对我们开展大学生隐性法治教育有着重要的启发意义，具体如下：

首先，善于利用潜意识的非理性形式有意识地激发大学生的内在需要。人的潜意识受先天遗传和欲望的控制，这种控制促成了主体在意识层面的需要，进而转化为主体行动的动力和源泉。开展大学生隐性法治教育就是激发主体的内在需要，使他们在预先设置好的情境中主动调动记忆、感官、思想等各方面因素在潜移默化中开展自我教育。

其次，注重外在环境的教育功能。人的心理和人格都是环境影响和熏陶的结果。法治环境是环绕在大学生周围并对其法治认同产生直接影响的一切外在因素的总和。大到社会的安定有序，小到法治案件的公平正义，无不对大学生的思想意识产生着不可磨灭的印记。我们要注重营造和谐有序的法治环境，为大学生产生正向的潜意识提供可能。

最后，善于利用潜意识的可激发性有针对性地设置隐性的法治教育情境。创设科学生动的教育情境对顺利实现教育目标有着重要的推动作用。通过设立合乎教育目标的教育情境，能够有效地激发受教育者的潜意识，使其与教育内容产生共鸣，在不知不觉中接受教育信息达到预期的目的。

四、需求层次理论

需求层次理论是一种基于需求强弱而对人的基本需求按优势大小或力量强弱进行排列的系统理论，最早由美国著名心理学家马斯洛提出的。人的需求分为以下五个层次：

第一，生理需求。生理需求是个体对生存所需要的衣、食、住、行等物质生活保障的基本需求，是最原始、最基本同时也是最优先的需求。

第二，安全需求。安全需求是个体对自身安全、生活稳定得到有效保障的需求，以避免自己受到疾病、痛苦等的威胁。

第三，社交需求。社交需求由归属和爱两个方面构成，是个体希望与他人建立情感联系，在关心他人同时也被他人关心、爱护进而获得归属感的一种需求。

第四，尊重的需求。尊重的需求是个体希望得到稳固的地位并得到他人信任与尊重的心理需求。尊重需求包含两方面的内容：一是个体自我价值得以实现的感觉，二是个体感受到的他人对自己的认可与尊重。

第五，自我实现的需求。自我实现的需求是个体希望通过自身努力使自己的才能得以发挥，自己的理想、目标、抱负得以实现的美好愿望。

以上五种需求是人类与生俱来的，构成不同的等级和水平，并成为激励和指引个体行为的力量。按照需求层次的高低，这五种需求可以划分为两大类：缺乏型需求和成长型需求。其中前三种属于缺乏型需求，必然地存在于个体之中，是基于生存而必需的需求。后两种则属于成长型需求，是个体在发展前进中衍生出的高级需求。一般来说，人们只有在低层次的需要被满足之后才会进一步产生高层次的需求。

需求层次理论注重人的内部动机的激发，认为只有切实调动人的内部动机，才能激发人的潜能和创造力。在社会生活中，每个人的行为都是由动机引起的，而动机则来源于个体内在的需要。正是由于需要，个体才会积极主动地开展实践活动以期满足自己的内在需求。个体内在的需要越强烈，由动机而引发的实践活动也就越积极有力。需求层次理论得到了学术界的广泛认可，并在其他学科领域得到了充分的运用，也为大学生隐性法治教育的开展提供了很好的参考和借鉴。

五、隐性课程理论

学生在学校里不仅习得了读写算等文化知识和技能，同时也获得了包括态度、动机、价值观等多种心理因素在内的其他心理方面的成长。而这些是通过非讲授性的其他途径间接地、潜移默化地传递给学生的，因而杰克逊将这种"非正式"的文化传递方式称为"隐性课程"。"隐性课程"中的"课程"并非是实指，而是对学校中存在的能对学生产生影响却又无法控制的教育因素的统称。隐性课程的理解可以归纳为以下方面：

第一，隐性课程"非计划"论，即认为隐性课程是学校教学计划之外的学习活动，它不在学校的课程规划和教学计划之中，而是学生在学校规定课程之外所受的教育内容。

第二，隐性课程"无意识"论，持这种观点的学者从学生的角度出发，认为隐性课程是学生在学校教育情境中无意识获得的内容，是他们在学习、日常生活与交往中不为自己意识所左右而受到的一种影响。

第三，隐性课程"非学术"论，即认为隐性课程是学校在正规课程之外有意无意传递给学生的有关人生态度、价值观、信仰等非学术性的知识。

第四，隐性课程的"环境影响论"，即认为隐性课程是教育组织者通过教育环境以非计划、非公开的方式有意无意传递给学生的教育内容。这里的教育环境既包括物质层面的校园环境，也包括文化层面和社会层面的环境。

第五，隐性课程"文化论"，即将校园文化视为学校中的隐性课程，认为隐性课程是学校范围内除显性课程之外的，按照一定教育目的及其具体化的教育目标规范设计的校园文化要素的统称。

由此可以看出，隐性课程是以间接的、内隐的方式对学生的思想观念、价值追求、态度情感等产生潜移默化影响的教育行为的统称。隐性课程涵盖的内容十分广泛，涉及学校教育的各个环节和各个方面。如物质层面的校园环境、教学空间、教学设施、住宿环境等，行为层面的言行举止（教师、管理人员、服务人员等），同学之间、师生之间、朋辈之间的人情交往等；制度层面的管理体制，规章制度等，都会对学生产生潜移默化的影响。

隐性课程对学生思想意识的形成有着重要的引导作用，是对学生进行道德教育的重要手段。积极正向的隐性课程会对学生的言谈举止、处事方式甚至世界观人生观都产生重要的积极影响，而反之则会产生不良的消极影响。可见，隐性课程在教育实践中有其独特的价值，且具有德智体美劳全面育人的功能。就其效果而言，它不仅可以对学生的思想、政治、道德等方面施加影响提高思想觉悟，同时也能帮助学生养成遵规守纪、克己守法的行为品质和习惯。因此，应高度重视隐性课程在育人过程中的独特作用并使其得以充分的发挥。

第三节　大学生隐性法治教育的要素构成

一、大学生隐性法治教育的主体

大学生隐性法治教育的主体是指隐性法治教育活动的组织者、实施者和领导者。同时，由大学生隐性法治教育总是隐喻于一定的活动之中，因此，大学生法治教育的主体同时也是相关实践活动的策划者、组织者和参与者，在隐性法治教育的诸要素中居于主导地位，其主导性的发挥是开展隐性法治教育实践、调动大学生接收隐性法治知识智力因素和情感因素的关键。

大学生隐性法治教育的主体根据部门职责和工作内容的不同可以划分为两大类：一类是拥有法治资源并具备法治知识、法治思想传播能力的各种社会组织、机构和团体，如高校、家庭、宣传部门、公检法部门、律师事务所以及从事法治公益宣传的社会团体等，不论是正式组织还是非正式组织，这些机构、组织和团体都具有一定的教育功能，能够通过自身的教育感染能力影响社会公众。在各种组织中，共产党的各级组织始终是开展大学生隐性法治教育工作的领导核心。另一类是各类法治宣传教育工作者，如教师、法官和律师等专业法治工作从业者、记者、文艺工作者、家长、朋友等能够有意识地对大学生法治思想和法治行为产生影响的个体。人是一切社会关系的总和，在社会性的交往中，人们每时每刻都在自觉或不自觉地用自己的言行影响着他人，一切对他人产生影响的思想和行为都是一种教育活动。因此可以说，社会上的每一个人都是大学生隐性法治教育潜在的教育者，都会用自身的思想和行动直接或间接地对大学生产生或正向或负向的影响。

在大学生显性法治教育中，显性法治教育的存在是实体性的，与其他社会实践不构成隐喻关系，因而，教育主体的身份定位也是单一且明确的。而在大学生隐性法治教育活动中，教育主体不仅要有意识地设计隐性法治教育的氛围和情境，同时还要组织和实施隐性法治教育的实践活动，在身份上具有"身兼多职"的多重性，因而大学生隐性法治教育的主体必然区别于显性法治教育而具有自己独特的特点。

就其社会身份表征而言，大学生隐性法治教育主体较显性法治教育主体更具多元化。显性大学生法治教育的教育情境是校园，课堂是大学生显性法治教育的主渠道，因而，高校、教师通常被视为大学生法治教育的主体。虽然人们也意识到要发挥家庭、社会等对大学生法治教育的主体作用，但人们在主观意识中还是将高校作为大学生显性法治教育的主要组织者和实施者，家庭和社会的作用相对式微。而隐性法治教育是被嵌入在生活中的教育，在空间上更具有开放性，在主体上也更有多元性。大学生隐性法治教育主体突破了校园的藩篱而存在于更广阔的社会空间，主体既有教育工作者，又有专门从事法治实践活动的机构和个人，还有广大宣传和文艺工作者，是一个更加立体和多元的存在。

就教育主体的要求而言，大学生隐性法治教育主体要更具有全面性。一直以来，大学生显性法治教育主要以课堂讲授、专题讲座等形式为主，传统的教育教学方式形成了"你讲我听"的法治教育模式，并不能很好地激发学生学习的主动性。而在大学生隐性法治教育过程中，教育信息总是通过一定的载体表现出来，如活动载体、文化载体、制度载体等，而较少通过说教的形式直接表达。因此，教育主体不仅要把握法治教育内容的精髓和本质，而且要能够有实践活动的组织能力、对法治知识进行解码和艺术化处理的审美能力、洞察受教育者心理的共情能力等。通过教育情境或活动的构建，引导学生发挥自己的主观能动性，在"不言"中开展教育，进而达到"真懂真信"的目的。因此，素质能力的全面性是对大学生隐性法治教育主体的根本要求，只有这样，才能构建大学生隐性法治教育的教化内容和情境。

二、大学生隐性法治教育的客体

教育客体是教育主体认识和改造的对象，是教育知识的接受者。在大学生隐性法治教育活动中，大学生无疑在教育活动中处于接受教育和知识的客体地位。但在隐性法治教育中，由于大学生并未被明确要求接受一定的法治教育或达到一定的教育目的，而是在潜移默化的过程中自动接受法治教育，因而也呈现出不用于显性法治教育客体的一些特征，具体如下：

首先，大学生在隐性法治教育过程中呈现出接受的无意识性。学习的结果分为两种：一种是在有意识的学习中获得的知识，另一种是人们在无意识中学习到的知识，如在日常生活、社会交往中获得的观念、情感、意志等。在显性法治教育过程中，教育主体通过有形的知识传递进行施教，教育客体对所接受的教育处于明确的意识之中，是有意识的学习。而在隐性法治教育过程中，由于教育主体有意识地对法治教育形式和内容进行了隐匿化的处理，从而使教育客体处于一种对教育过程无觉知的状态，因而教育客体是在无意识中进行的学习，呈现出受教的无意识性。在隐性教育过程中，表面上看，受教育者并没有学到什么，但在潜移默化中，受教育者又的确受到了实实在在的感染和影响。这种受教的无意识性在一定程度上打开了受教育者的心灵，使他们能够以主人翁的姿态融入学习过程当中，进而取得较好的学习效果。

其次，大学生在隐性法治教育过程中呈现出心智的开放性。作为教育客体的大学生是在受教的无意识中参与的隐性法治教育，由于教育过程的隐匿性，大学生不会像传统教育模式一样将自己置于"受教"的被动地位，而是以主体的身份参与到活动中去主动地探索他所感兴趣或需要的内容。这一自觉求解、探索、觉悟的过程摆脱了外在施教的强制要求，更大程度地维护了大学生的主体自尊。在这一过程中，其关注的焦点并不是隐匿的教育过程，而是蕴含其中的教育内容。因而其思想、心灵、情智对教育主体和教育内容都是打开的，不会产生被动接受教育的逆反心理，也不会对教育主体和教育内容设置心理防线，故而更容易使教育客体达到教育预期的目的。这种思想和心灵的开放性，不仅有助于在教育主客体之间形成平等的关系，而且有助于教育客体对教育内容的理性认知和主动接纳，从效果上提升了法治教育的实效性。

最后，大学生在隐性法治教育过程中表现出深刻的触动性。大学生隐性法治教育嵌入于大学生丰富的日常生活和社会交往之中。如果说显性法治教育是以知识和理论讲授为主的重"理"的教育，那么隐性法治教育便是以培养人们对法治的情感、敬畏和信仰等方面的教育为主，是法治情感和法治意识的教育，推动着人们不断地去追求公平、正义和真善美。隐性法治教育通过激发教育客体的情绪体验和丰富想象，使他们在丰富的实践活动中感受到法治的正义感、严肃性和不可侵犯性。这种触发教育客体思想和心灵的教育势必在教育效果上也更具有深刻性和持久性。

三、大学生隐性法治教育的介体

介体亦即媒体、媒介，是教育主客体之间相互联系、相互沟通并彼此作用的中介因素和联结纽带。在思想政治教育中，教育介体是教育内容的承载者，发挥着联系教育主客体双方并使其相互作用、双向互动的作用。

就大学生隐性法治教育而言，在教育过程中所要传递给教育客体的不仅有抽象的法治情感和法治意识，同时也有指导个体行为的具体的法治知识。因而大学生隐性法治教育过程既是一个思想的教育和引导过程，也是一个隐性知识的转移过程，需要兼顾思想政治教育方法和隐性知识转移渠道两个方面。具体而言，大学生隐性法治教育的介体可以分为交往空间、物化渠道和虚拟技术等三个层面。

（一）交往空间

就交往空间层面而言，大学生的交往世界与其所在的社会生活领域相连，更贴近他们的思想实际，同样也蕴藏着丰富的法治教育资源。马克思主义唯物史观指出，交往是人类实践活动的重要组成部分，属于人的"类特征"活动。在社会学背景下，交往既指个人或共同体之间的实践活动，也指在实践活动过程中形成的普遍性的社会关系。人们在交往活动中展开生命的历程，展开思想和言行。可以说，交往空间与大学生的生活世界始终与共，体现着大学生的生活样态和现实存在。既然是交往，便少不了现实的人的存在。人所特有的被中介的心理机能产生于人与人的交往之中。而在实际生活中，道德信念、伦理规范、法治准则等构成了人与人交往的理论表现，并反过来制约着人们的交往与发展。除去有意识地设计教育情境、实施教育活动对大学生群体施加教育影响的法治教育主体之外，大部分人在交往过程中自身并无教育主观意识却通过自身的实际行动对大学生进行了"无言之教"和或正面或负面影响，使大学生群体在生动的交往空间和实践活动中感受法治的规则和魅力。

（二）物化渠道

物化渠道是大学生隐性法治教育另一个重要的教育介体。在知识转移情境下，知识的转移过程由知识发送和知识接受两个环节组成，这两个环节要有一定的媒介做中介才能实现知识的转移。在大学生隐性法治教育过程中，由于教育主体有意识地将教育过程、教育内容等进行了隐匿化的处理，也就意味着对显性知识进行了一个解码和抽象化的逆显化过程，通过将其隐喻于一定的物质载体之中，如利用视觉直观透视法可以帮助人们获取纯然感性知识并存储于心灵的特点，通过设置雕像、绘画、格言等蕴含法治精神的公共文化与艺术作品等物化渠道，构造法治教育的隐性场域，使学生的意识和行为在潜移默化中受到规劝、训诫和矫正。根据隐性知识的特征，隐性知识的隐匿化程度越高，知识转移的难度也就越大，因而为了保证知识转移的效果和效率，作为教育介体的物化载体要兼顾教育客体对隐性知识的敏感性和捕捉能力，同时要注意教育客体在教育过程中的心理开放性和愉悦性，使其有足够的兴趣和耐心去探索和发现隐喻于其中的法治内容，从而达到知识转移的目的。

（三）虚拟技术

技术社会是人类在自然环境之上建构的一种社会形态，人类的生产方式、社会规范等都受到技术的制约和影响。一切技术都倾向于创造一个新的人类环境。知识转移具有一定的路径依赖性，这就决定了在实现知识转移的过程中必须以一定的技术基础为前提，技术在隐性知识转移和创造过程的组合时段起重要作用，是隐性知识转移的一个重要维度。外部知识转移和技术基础能力呈显著的正相关关系，也就是说技术是知识资源的一个重要依托，对知识转移发挥着重要的中介作用。

正是在技术进步、网络创新的推动下，技术带给了人们知识观念和知识实践的深刻变化。文字数码化、书籍图像化、阅读网络化等都为隐性法治知识的转移提供了新的路径空间。大学生是一个思维活跃、好奇心强、勇于探索并且乐于接受新鲜事物的群体，不论是对日新月异的虚拟技术，还是对高效、便捷、同时也更加自由化和开放化的交往方式，他们都抱持着较高的接受度。在网络空间已成为大学生重要生活场域的今天，技术作为知识的转移中介已成为一个不争的事实。如何利用好技术的知识中介功能是我们必须要面临的一个时代课题。

四、大学生隐性法治教育的环体

教育环体亦即教育环境，是指对人的思想行为产生影响、对思想教育起推动或干扰作用的外在因素以及外部条件的总和。人类置身其中的外部环境既是客观存在的历史进程的产物，同时也是人类认识和改造的结果。人类创造环境，环境又反过来塑造人，二者无时无刻不对彼此产生着广泛而深刻的影响。

环境只是事物或活动存在的外在条件，是天然且具有基本性的前提条件，并且任何事物或活动都存在于一定的条件或环境之中，正如马的构成要件不包括马厩、马饲料等外在的因素一样，教育环境也并不能称之为思想政治教育的构成要素。另外，教育环境同教育者、教育对象、教育介体一样，是思想政治教育活动的必不可少的组成部分，虽然它们的特征与功能各不相同，但都是建立在教育实践活动基础之上，并且共同参与、共同作用于思想政治教育的过程，因此，从这个意义上来说，环境应当是思想政治教育的一个必要的基本要素。

在思想政治教育过程中，环境在思想政治教育过程中发挥着不可替代的作用，对身处其中的教育者和受教育者都有着相互影响、相互塑造、推进教育过程进程的作用，因此应该说环境是思想政治教育系统中一个必不可少的组成部分，也必然是大学生隐性法治教育的主要构成要素之一。

人文性是大学生隐性法治教育环体的一个重要特征。具有人文性的教育系统更容易使人放下心理上的戒备而全身心地投入到教育过程之中，因此教育环境的人文性对大学生隐性法治教育效果有着重要的影响作用。这里所说的人文性是指在教育过程中所体现出的对教育客体的人文关怀和尊重。也就是说，在大学生隐性法治教育过程中，教育环境的创设要从"以人为本"的角度出发，围绕大学生群体的关切与期待，符合大学生的发展特点与规律。

就宏观的大学生隐性法治教育环境而言，培育全社会深厚的法治文化是创设大学生隐性法治教育环境的根本基础和前提。文化寓于生活，贵在积累。它存在、生长并渗透于社会生活的各个层次、各个阶层和各个领域，构成了人们行为的内在特质和取向。文化并非是停留在书面和口头上的口号或文章，只有当一种生活方式经过日积月累并最终沉淀为人们公认的传统和风俗的时候，它才能被称为文化。法治文化作为代表人类文明的一种基本的文化样态，是现代社会和谐的文化基础，更是开展大学生隐性法治教育的重要前提。只有在全社会都知法、守法、学法、敬法的环境下，大学生隐性法治教育的开展才能成为可能。而不是社会的不良风气对大学生的法治教育效果造成消解或背离。

就微观的教育情境而言，感染性也是大学生隐性法治教育环境的一个重要特征。情绪的感染性，是指在某一活动过程中个体将自己投射到他所观察的事物当中与其共情的过程。积极的情绪通常伴随着个体主观性的愉悦体验，它能激发人的积极性，提高个体的主观能动性和活动能力。同时增强主体的灵活性，扩展他们的认知范围。

在积极的情绪状态下，个体会更倾向于趋近并探索以前不曾认知的新事物，同时与环境建立主动的联结。形象是人们传情达意的载体和工具，具有生动、具体、直观、可感等特征。形象的感染性是教育者"用动作、线条、色彩等某种外在标志，有意识地把自己体验过的感情传达给别人，而别人为这些情绪所感染，也体验到这种感情"的过程。形象既可以是现实生活中的人物、榜样、典范等，也可以是艺术作品或网络世界中的人物、事物或景象。这种经过典型化和概括化的形象往往渗透、浸润着人们丰沛的情感，更容易对受教育者进行情感传递、共振和感染的作用。受教育者通过自主感知、深刻体验和自我省思，进而形成深刻的思想感悟，而这种感悟比外在灌输的理论知识更能对受教育者的思想进步和成长发展发挥长期的作用。

第四节　大学生隐性法治教育的实践探析

一、大学生隐性法治教育的发展思路

大学生法治教育要想具有针对性和实效性，必须要有与社会和时代同进步的高度自觉。当前，在全球化深入发展、市场化持续推进、由互联网裂变式发展所带来的教育形态的深刻变革等背景下，大学生法治教育也必须紧跟时代潮流，回应时代呼声，做出自己应有的变革。

（一）以"现实的人"为出发点，坚持法治教育和个人需求相统一

"现实的人"是唯物史观的一个重要范畴，深刻揭示了人的自然属性和社会属性相统一、受动性与能动性相统一的辩证关系。从现实的人出发是考察现实生活的方法，因为，从事生产活动的个人在生产实践中与他人发生一定的社会关系和政治关系，而社会结构和国家正是从个人的生活实践中产生的。适应自己的物质生产水平而生产出社会关系的人，也生产出各种观念、范畴。思想政治教育是做人的工作的，作为思想政治教育重要组成部分的法治教育也应凸显人的属性。尤其是在今天科技日新月异、社会快速发展、民主进程加快的大背景下，人的主体性得到前所未有的突显与张扬，尊重作为个体的个人、对人的主体性予以回应成为这个时代的必然要求。

在传统的大学生法治教育模式中，出于尽可能快速而广泛地普及法治教育、建设社会主义法治国家的需要，我国的大学生法治教育更大程度上是从国家和社会需要的层面出发，将法治教育看作是对人的一种"上所施下所效"的要求和规范教育。它的导向主要是国家的、社会的、满足时代发展需要的，学生们所需要的具象化知识却在无形中被遮蔽了。在这一过程中，大学生更多的是作为被动接受相关知识和教育的对象而被忽略了他们作为"现实的人"的个体需求。以行政化目标替代大学生的现实需求，使得大学生法治教育与大学生之间形成一道透明可见却相互触摸不到的空间"围墙"。在这种想法的影响下，大学生们往往在心理上对法治教育产生一种抵触甚至逆反心理，而个别思想政治教育和法治教育工作者在实际工作中也往往满足于完成应该完成的宣传教育任务，为了宣传教育而宣传教育，使本该充满生机与活力的法治教育常常陷入软弱无力。

高校受现代化时空重组的影响较小，高校与学生虽然仍处于同一自然时空之内，但却在社会时空中却处于不同的维度之中，这种差异使二者之间产生了一定的时空错位。一方面，互联网的发展使社会突破校园的藩篱成为一种"无处不在"和"全景敞式"的存在，无论好与坏都会被客观甚至夸大地呈现。因此，社会发展中暴露出的各种问题和学生之前在课堂中学到的知识产生了不对接甚至严重错位。另一方面，高校依然固守"象牙塔"情境下理想化的知识建构体系，着力将承载国家意志的规整化知识灌输给学生，却忽略了学生本身的需求。由此导致的结果便是，学校通过时间和空间的分割组合固定了学生的时空位置，使他们无法从细密的安排中脱身而不得不保证身体的时时"在场"，但知识与学生需求的疏离却使得大学生抽离于传统的课堂空间和知识体系之外，而更倾向于和另一个空间维度中更加多元、刺激、在他们看来也更加"真实"的社会相结合。

因此，以"现实的人"为出发点反思我们的大学生法治教育对我们更好地开展大学生隐性法治教育具有重要的实践意义。

首先，从"现实的人"出发，可以使我们的法治教育由理性化、制度化向人文关怀化的方向转变。理性化的教育固然为大学生的健康成长和法治社会的进步带来了巨大的变化，但仅从国家发展和社会需要单一维度出发的过于理性化、制度化的法治教育由于忽略了"现实的人"的个体情感与需求，往往容易使其成为完全按照法治理性行事的工具而失去了原本应有的温情。过于大而全的教育内容往往使学生觉得这些内容和他们的生活距离太遥远，他们参加学习的动机仅仅是为了满足学校的要求和学分的需要。而从"现实"的人出发可以让我们"看见"大学生现实的生活需求，可以将理性指导和感性实践相结合，通过切实回应他们需求的人文化关怀而实现法治教育的育人和导向价值。

其次，从"现实的人"出发，可以使我们更加关注大学生主观能动性的发挥。开展大学生法治教育必须注重大学生主观能动性的发挥，而如果在教育过程中失去对大学生这一"现实的人"的审视，大学生就会沦为被塑造与加工的产品，在法治教育过程中变得抽象化和机械化，而失去了主体的能动性与创造性，失去了主体的鲜明个性和鲜活的时代性。从"现实的人"出发可以让教育者重视大学生的真实存在，尊重他们的成长规律和成长需要，避免把法治教育指向单一的认知领域，而应对他们进行法治价值的建构与引导，使他们对法治的认知由对知识的被动接收和机械记忆转向对法治价值的主动探索与追寻，转向对法治的敬畏与信仰。

最后，从"现实的人"出发，可以使大学生法治教育由理想化向现实可能性的转变。大学生法治教育同其他学科的教育一样，必然有理想化的目标，这是对大学生法治观进行理想建构和塑造的需要。理想化教育目标的实现需要时间的沉淀和循序渐进的开展，而不是空喊口号或只是给学生讲授一些大而全的大背景、大道理，这样的法治教育不仅脱离了大学生的实际生活，而且由于内容脱离学生实际而使学生难以理解、难以落实到行为实践中去。让学生了解国家法治发展的背景、我国有关法律的基本精神和主要规定对培养学生爱国守法、明礼诚信，确实对培养学生的法治精神和法治信仰有着价值引导和精神导向的作用，但法治教育不能仅仅停留在理想的彼岸，它不应是脱离大学生生活实际的"法治理想"，还应指向其现实的生活规范与价值理念。

从"现实的人"出发，可以让我们重新审视以往习惯于"宏大叙事"的教育模式，结合学生现实性的生活内容，有层次性、循序渐进地开展法治教育，在满足大学生个体需求的基础上向高层次的国家发展目标过渡，达到实然与应然的统一。

（二）以"显隐结合"为原则，实现隐性教育和显性教育的相统一

如何定位隐性法治教育，尤其是如何认识隐性法治教育和显性法治教育的关系是开展大学生隐性法治教育的一个具有前提性思考的问题，因为它涉及对隐性法治教育的功能、地位、作用等的认识和把握。我们面向大学生开展的是中国特色的社会主义法治教育，是习近平新时代中国特色社会主义思想的重要组成部分，具有鲜明的政治性和阶级性，因此必须要坚持显性法治教育的主体地位，在此基础上做到隐性教育和显性教育的相统一。

坚持以显性为主导、显隐教育相结合的原则，不仅是我国教育实践传统的要求，同时也是由我国的社会制度所决定的。在我国古代，书院是一种发展成熟且完善的教育组织制度，标志着我国古代教育的高度发展。从教学实践上来看，书院教育"掌教有官，育士有

田"，是以宽松的办学环境为基础，以大师云集书院讲学为推动力，师生在相互答疑解难、思想激荡中获得新的知识和思想的显性教育形式。但在个体的自我追求和完善方面，书院更重视价值关怀和知识追求的相统一，同时也更注重言传和身教的影响，体现出显性教育和隐性教育的相统一。

任何时代任何国家的教育都不能脱离历史的传统和社会环境而存在。许多西方国家的社会成员构成比较复杂，尤其是一些移民国家的文化背景更加复杂多元，而且，由于实行联邦制等政治制度原因，各州和地区在法律制度上有着很大的差异性，很难在政策上达成一致，由此决定了他们在思想政治教育和法治教育中难以形成统一的教育模式。而我国虽然是一个多民族国家，但经过几千年的文化发展与融合，社会的思想文化基础在总体上是一致的，而且自古以来我国就有着追求"天下大同"的思想传统，也因此更容易形成统一的显性教育基调和实践教育方案。法治教育作为思想政治教育的重要组成部分，坚持显性法治教育不仅是马克思主义理论教育实践的鲜明特点，同时也是坚持马克思主义立场、观点和方法的具体体现。

作为两种既独立又相互影响的教育形态，显性教育和隐性教育在法治教育实践中是辩证统一的，并且具有深刻的内在逻辑性。

首先，在教育目标上，显性法治教育和隐性法治教育具有目标上的同向性。因为二者的最终目标都是贯彻高校"立德树人"的根本任务，培养社会发展所需要的"德法兼备"的新时代高素质人才。显性法治教育通过直接而鲜明的"灌输"方式将时代性的法治知识传授给青年大学生，而隐性法治教育则更多地通过一种艺术化、无痕化的"灌输"向大家传递超越知识性的法治信仰和法治情感，属于隐性知识（缄默知识）的范畴。虽然二者采取的实践方式不同，但在目标上却是一致的，最终都指向"立德树人"本身。

其次，在教育功能上，显性法治教育和隐性法治教育具有功能上的互补性。在传统的大学生显性法治教育实践中，不论是课堂讲授还是法治主题宣传，都更偏重于理论知识的灌输和政策法规的宣讲，而隐性法治教育则更倾向于法治情感、法治信仰等意识形态领域的浸润和渗透。显性法治教育在长期的实践中形成了具有规范性和系统性的明确的教育内容，能够更直接地向受教育者传达法治教育的知识体系、主导思想和价值观念，凸显马克思主义在意识形态领域的指导地位，可以使受教育者对教育目标和教育内容建立更加全面和系统化的了解，很好地弥补了隐性教育的自在性和随意性。而隐性法治教育则通过巧妙地创设法治教育情境，以开放的教育内容和隐匿的教育手段使受教育者在不知不觉中接受教育内容，较好地消解了显性法治教育由于明显的"说教"性质而引起的受教育者的逆反心理，从而弥补了显性法治教育的不足。

最后，坚持显性法治教育和隐性法治教育相统一具有现实中必要性。显性教育和隐性教育二者之间是一种互相强化、互相渗透的关系。一方面，显性教育决定着隐性教育的内容，没有显性教育内容的引导，隐性教育将会是盲目的；另一方面，显性教育目标的实现需要隐性教育的强化和巩固。隐性教育是一种潜移默化、润物无声的教育，它对受教育者的触动更深，影响也更持久，从一定程度上加深了受教育者对显性教育传递内容的理解和认同，强化了显性教育所要实现的效果。

综上可见，在开展大学生法治教育过程中，坚持显性教育和隐性教育相统一具有内在的契合性和逻辑统一性，这不仅是由二者的目标同构性和功能互补性所决定的，同时也符合大学生教育发展规律的现实需要。同时，在一定的教育情境下，二者之间并无严格的区分，而是呈现出同时并存、相互转换的现象。因此，在加强大学生法治教育的过程中，我们应遵循显性教育和隐性教育相互补充、协同并进的原则，积极回应法治社会发展的需要和时代发展的诉求。

（三）以"三全育人"为路径，构建隐性法治教育的立体化"场域"

法治是人类文明的重要成果之一，法治的精髓和要旨对各国的国家治理和社会治理都有着普遍的意义。当今世界，各种思想文化交锋频繁，尤其是随着互联网等新兴媒体的快速发展，青年大学生的成长环境更加复杂多元，重视法治、厉行法治、加强青年大学生的法治教育已成为全党和全社会的共识。多年以来，高校法治教育经历了从无到有、从繁到简、从自发到自觉的发展演变过程。教育系统以习近平法治思想为指导，持续推进青少年法治教育，取得了明显的成效。与之相应的，大学生法治意识明显增强，运用法律解决纠纷、维护自身权益的能力得到显著提升。当前我国正处于发展的转型期，各种社会问题与矛盾相互交织叠加，给世界观人生观价值观尚未成熟的大学生带来很大的思想困惑，外界稍加刺激，便会导致他们出现行为偏差，逾越法律的红线。积极寻求提升大学生法治教育实效性的有效路径，成为摆在思想政治教育和法治教育工作者面前的一个重要课题。

当前，社会的快速发展为大学生提供了丰富多元、精彩立体的学习生活场域。他们穿梭于多个活动空间，既包括传统的校园生活空间，也包括虚拟的线上网络空间，既有以宿舍、班级、社团等为载体的现实生活场域，也有基于网络社区的虚拟的集体生活场域。可以说，他们的活动空间得到了前所未有的拓展。大学生法治教育是做人的工作的，人在哪里，法治教育工作就应该做到哪里。作为思想政治教育工作的重要组成部分，大学生法治教育从本质上来说是以大学生为对象的群众工作，必须要坚持"从学生中来，到学生中去"的育人工作理念和方法，以服务学生为中心，以"三全育人"为路径，立足于学生的实际需求，把学生的生活活动空间转换为法治教育的立体化育人场域。

以"三全育人"为路径应具象化为育人空间的协同与整合。青年大学生生活于多维的立体空间之中，空间的复杂性决定了开展大学生法治教育必须充分考虑育人空间的多维性和复杂性，将育人力量和育人资源下沉到大学生的生活空间，发挥隐性教育的作用，实现"润物无声"的育人效果。

1. 发挥公共空间的法治育人效果

公共空间是一个实体和实践的概念，意指人们在生产生活和社会交往活动中所占据的共有空间，主要包括实体空间、人和活动等要素。在实践中，公共空间能够构建一种主体间性的双向效应场，在潜移默化中实现教育内容的传递和教育目的的达成。而法治教育作为一种具有较强观念性、精神性和行动性的教育形式，只有和青年学生的现实世界产生连接，才能实现法治观念和法治精神的有效传递。因而，高校要充分利用校园的公共空间开展大学生的隐性法治教育实践，具体如下：

第一，将大学生法治教育空间纳入高校治理格局，制定法治化、规范化的制度框架，形成以制度约束人、规范人和引导人的制度性育人空间。

第二，充分挖掘校园的公共法治教育空间，利用视觉直观透视法可以帮助人们获取纯然感性知识并存储于心灵的特点，通过在校园内设置雕像、绘画、格言等蕴含法治精神的公共文化与艺术构造法治教育的隐性场域，使学生的意识和行为在潜移默化中受到规劝、训诫和矫正。

第三，寓法治教育于校园文化活动，利用文化活动的开放性、愉悦性、渗透性和辐射性等特点，通过文化活动实现法治知识的扩散，促使学生在活动中发现知识、领悟知识，从而实现法律知识在文化活动中的隐性教育功能。

2. 推动异质性资源空间的良性互动

推动异质性资源空间的良性互动即统筹规划家庭、社会、公检法等部门的异质性空间教育资源，破除育人空间的壁垒，实现大学生法治教育空间实践由一元多样到多元立体的转变。高校是人才培养的第一阵地，具有学科门类齐全、专业人才密集的优势，长期以来，高校都被视作是大学生法治教育的主体，社会实践部门较少参与到大学生法治教育过程中来，也并未明确其大学生法治教育主体的角色。但在实际中，社会是大学生法治教育的最大受益者，各个宣传部门和法务实践部门参与大学生法治教育活动也是其义不容辞的责任。因此，要打破高校和社会体制之间的壁垒，将社会实践部门的优质实践资源和高校互融互通，充分发挥政府、检察院、法院、律师事务所等法治部门的资源优势，和高校一起互融互建，构建起大学生法治教育的"共同体"。

（四）以"铸魂育人"为目标，培养"德法兼修"的高素质人才

铸魂育人是法治教育的根本核心。实现中国特色社会主义现代化就是要在民主法治的轨道上推进国家治理体系和治理能力的现代化，为我国全面建成社会主义现代化国家、实现中华民族的伟大复兴提供强有力的法治保障。在这一前提下，铸魂育人就是要铸以爱国主义为核心的民族精神之魂，铸以改革创新为核心的时代精神之魂，同时也要铸遵法敬法为目标的法治信仰之魂。

中国特色社会主义进入新时代。我国社会的主要矛盾已经转换为人民日益增长的美好生活需要和不平衡、不充分发展之间的矛盾。满足人民日益增长的美好生活需求不仅包括人民对物质文化生活的更高要求，同时也包括人民对民主、法治、公平、正义、安全等的需要。因此，坚持法治、厉行法治，培养"德法兼修"的时代新人、为2035年基本建成法治国家、法治社会、法治政府提供智力支撑和人才保障成为发展中国特色社会主义的第一资源。

为全面依法治国培养"德法兼修"的时代新人是新时代大学生教育的首要任务。以习近平同志为核心的党中央明确了全面依法治国的指导思想，并围绕全面依法治国提出一系列新的理念新的思想和新的战略，做出了一系列事关全局发展的重大决策，推出一系列重大举措，书写了新时代中国特色社会主义法治建设的宏伟篇章。全面依法治国是我国坚持和发展中国特色社会主义的本质要求和重要保障，事关党和国家的事业发展以及人民生活的幸福安康。在"四个全面"战略布局中，全面依法治国发挥着基础性和保障性的作用。"人"的因素是落实全面依法治国的根本。实现中华民族伟大复兴在全过程全领域的实践推进离不开"德法兼修"的高素质人才。因此，培养新时代"德法兼修"的高素质人才不仅是践行习近平法治思想、为全面推进依法治国提供人才支持的重要保障，同时也是贯彻落实"立德树人"根本任务、实现人的"全面发展"的根本体现。

为实现国家治理体系和治理能力现代化培养"德法兼修"的时代新人是新时代大学生教育的必然要求。高标准的政治素质、高觉悟的道德修养、高层次的法治素质、高效率的知行合一能力是新时代综合型高素质人才的基本特征和要求。在全面依法治国和建设中国特色社会主义现代化国家的大背景下，高素质不仅包括扎实的专业知识、高尚的思想品

德、健康的人格特征，同时也包括坚定的政治立场、丰富的法治知识和熟练的用法能力。青年大学生是国家未来的建设者和接班人，步入社会后，他们将奔赴各个工作岗位，融入各个社会领域，假以时日，他们还会成为各行各业的中流砥柱和领军人才。他们自身的法治素养及对他人的法治行为示范将直接影响我国社会发展环境的和谐与稳定。

在新的历史条件下，要想全面推进落实依法治国这一基本方略，就必须坚持依法治国和以德治国相结合，使法治和德治在国家治理中互相补充、互相促进，共同推进国家治理体系和治理能力的现代化。也只有融法治和专业教育、思想道德教育于一体，使"德法兼修"成为每一位青年大学生的内在修养、思想自觉和行为习惯，才能构筑起全面依法治国人才资源的"基本面"。

培养"德法兼修"的高素质人才是新时代大学生法治教育的根本使命。一代人有一代人的长征，一代人有一代人的使命。自1921年中国共产党成立至今，经过一百多年浴血奋战和艰苦卓绝的社会主义革命、建设和改革开放时期，我国进入了中国特色社会主义新时代。当前，我们的历史使命就是实现"两个一百年"的奋斗目标，实现中华民族伟大复兴的中国梦。走中国特色社会主义法治道路是实现中华民族伟大复兴的重要保障，这就要求我们必须坚持依法治国和以德治国相结合，德治和法治两手都要抓，两手都要硬。

实现中华民族伟大复兴，关键在党，关键在人，关键在人才。我们要培养的时代新人无论是缺乏相应的专业水平，还是缺乏应有的道德品质，或是缺乏应有的法治素养，都无法满足中国特色社会主义建设事业的需要。而如果没有一支庞大的高素质人才队伍，实现中华民族伟大复兴的中国梦就只能是一句空话。在实践中，往往存在着泛道德化思维和法治万能论两种片面的主张。泛道德化思维主张道德在生活中的影响无处不在，但实际上却有着其发挥作用的独特的领域，道德既不能用来约束所有的社会现象，也不能用来代替法律的惩罚。而法律万能主义也是我们在实践中要避免的误区。法律也是有局限的，它的局限来自守成。依法治国不能只是简单地依据法律法规来治理国家，而更要关注人们行为背后的价值诉求，使各项事业更加符合社情和人心所向。道德素质和法治素养在大学生的素质养成中各有各的地位，二者既相辅相成不可互代，又辩证统一不可背离。

因此，新时代的大学生教育在完善人才培养模式时不仅要注重学生的专业知识培养以适应中国发展建设的需要，同时也要注重学生的思想品德教育和法治教育，将社会主义核心价值观贯穿人才培养的全过程和各环节，使大学生能够德才兼备、德法兼修。

二、大学生隐性法治教育的实践原则

理念是行动的先导，一定的发展实践都是由一定的发展理念来引领的。教育理念对指导开展教育工作具有基础性的作用。要使大学生隐性法治教育充分发挥其独特的功能，必须要树立科学的教育理念，以创新发展激发教育的活力。

（一）"以生为本"的原则

"以生为本"的教育理念是"以人为本"理念在教育领域的具体体现。落实"以生为本"，就是要以学生为教育活动的根本出发点和落脚点，坚持一切从学生的发展实际出发，遵循学生的发展成长规律和教育规律，以有利于学生的成长成才为原则，促进实现学生素质的提升和全面发展。

当前，随着全球经济一体化的纵深推进和我国"一带一路"倡议的实施，构建政治上互信、经济上互融、文化上互通的责任共同体、利益共同体和命运共同体已是大势所趋。在这一背景下，未来的社会必定是一个高度规则化的社会，所有市场主体都要遵循统一的制度和规则，"法治"手段将会被越来越广泛地运用到社会中的各个领域，用以调整利益、规范行为、维护公平、促进公正，保障市场及社会的有序运转，保障最广大人民根本利益的有效实现。这就意味着，不论是个体人还是社会群体组织，不论是日常生活行为还是建功立业回报社会，都离不开一定的法律知识和法治思维。当我们以发展的眼光和回应社会关切的态度审视社会实践时就会发现，必备的法治素养已成为现代公民，尤其是青年学生立足社会、谋求发展的必不可少的前提条件。因此，提升青年学生的法治素养，培养能够推动社会现代化进程的综合型高素质人才已成为新时代赋予高校的不可推卸之责任。唯有此，才能保障我国全面建成小康社会目标的有序推进和顺利实现。

因此，加强高校法治教育，培养具有法律知识、法治思维和法治能力的新时代青年在保障我国全面深化改革、营造良好的社会环境中发挥着基础性和先导性的作用。

1. 坚持与时俱进

坚持以生为本的教育理念，就是要坚持与时俱进，使法治教育的形式符合时代特征和大学生的实际发展。当前，人类社会进入网络化时代，人的存在也随之变为虚拟的网络化存在。随着青年人步入大学校园，我们的高等教育也迎来了全新的"网络原住民"时代。青年人所特有的阶段性心理特征，加上互联网全方位的浸染式成长，使得"网络原住民"在能够便捷地获取法律知识、提升法治认知的同时，也因受互联网的消极影响在践行法治、守法用法等方面造成了"知法犯法""知行不一"的矛盾和困扰。因此，开展大学生隐性法治教育必须要紧跟时代的发展，符合当代大学生的需求，必须要贴合网络化这一实际，搭建网络平台，运用多元化的新媒体教育手段，向大学生传播正能量。

2. 关注大学生的精神生活空间

坚持以生为本的教育理念，就是要关注大学生的精神生活空间，涵养法治精神，培育法治情感。精神生活空间是与人的精神活动直接相关的空间形式，是具有社会性的人类实践活动的产物，本质地体现着"人"的生存状态。精神生活空间具有主体意识性，包含着复杂的情感、想象、感知、意念等多种因素，是促使人性生成、丰富人性层次的重要推动力量，也是完整的"人"的重要组成部分。作为一个完整的人，就是要以一种全面的方式，也就是说，作为一个完整的人，占有自己的全面本质。

由此可知，个体精神生活空间不断扩展的过程也是个体不断占有自己的本质而获得全面发展的过程。人的精神生活空间是无涯的。任何教育的目的都在于拓展人的精神生活空间，就是要合理地引导人们不断超越被物化的、异化的物质空间的限制，从而趋向更加理想、更加丰富的精神家园。

当前，随着文化生态更加开放多元，市场经济日益深入发展，部分大学生个体的自我同一性危机也日趋突显，在主客观多种因素的综合作用下，一定程度上造成了大学生精神生活的失衡和失序，这就迫切地需要将社会主义核心价值观、法治观等引导大学生向美向善向法的价值观念融入他们的精神生活空间，作为有力的精神力量，引导他们的精神空间进行新的拓展。法治教育旨在通过理论教育与实践，引导受教育者将对法治的思考上升到理性的高度，不断内化法治的价值内涵和精神意蕴，坚定法治所要传递的信念与信仰，不断丰富个体的精神内涵，激发主体能动性，进而生成法治教育的精神生活空间。大学生隐性法治教育正是在基础知识传递的基础上，通过潜隐的途径对大学生群体有针对性地开展的关于法治意识、法治情感、法治观念的教育，同大学生精神空间的构建具有内在的契合性，因此，开展大学生隐性法治教育必须要重视大学生精神生活空间的构建，尤其要注重将社会主义核心价值观融入大学生的精神生活空间，在倡导社会主义核心价值观中不断拓展大学生的精神生活空间。

3. 关注大学生的交往空间

坚持以生为本的教育理念，还要关注大学生的交往空间，在大学生的立体生活场域中围绕学生、关照学生。一切教育，不论是知识教育还是品质教育都是在交往中实现的。交往是人类社会实践的重要组成部分，一方面，交往"包括个人、社会团体以及国家之间的物质交往和精神交往"，体现了人与人之间和人与物之间的社会关系和自然关系；另一方面，交往不单是局限于单纯的人际关系和人物关系之间，同时也贯穿于人类生活和整套的社会生产体系之中。

当前，大学生法治教育面临着经济化、全球化、科技化等迅猛发展所带来的一系列变革和挑战，传统模式下以强势引导和灌输为特征的显性教育方式更多强调的是受教育者对知识体系的掌握，而忽视了社会交往对知识构建和能力培养的重要性。大学生法治教育体现着国家培养的意志、法治文化的传递和个体法治素养的提升，其根本目标是以促进人的全面发展为目标、使其成为具有完善人格、规范品格、情感丰富、心怀敬畏的德法兼备的新时代人才。

在这样宏大的目标下，仅靠单一的理论灌输显然是不够的，还需要通过全真式、实景式的社会交往，将法治教育潜隐入大学生的"生活世界"，使他们在与他人的交往中相互理解、相互包容、求同存异，形成彼此都认可的规范共识和行为通则。这就需要我们注重大学生交往空间的构建。一方面，我们要将主体间性引入大学生法治教育，在双向平等的交流中调动学生的理性自觉，通过激发学生对法治对象的真实感触和理解、现实案例的感染和引导，进而在群体交流中对法治价值和理念进行反思、得到升华；另一方面，我们要注重大学生法治教育共同体的构建，在这样的共同体中，要将学校、家庭和社会有机地结合起来，构建一种蕴含法治精神、体现规则构建、符合交往理性的平等的、多元的文化氛围，这种文化氛围能够推动主体法治意识的自觉发展并最终促进个体的全面发展。

（二）"滴灌式"教育原则

"滴灌式"原指农林领域的一种灌溉技术，即在农作物灌溉过程中通过铺设管网的方式使水分和养分直达农作物根部，以达到高效节约、按需供给、精准供给的目的。将"滴灌式"引用到思想政治教育领域，是高校落实"以人为本"，坚持思想政治教育工作"贴近实际，贴近生活、贴近学生"的具体体现，是对"三全育人"综合改革在理念层面的延伸与发展。"滴灌式"教育追求的是一种"点滴指导、细致入微的精细化教育""循序渐进、持续滋润的渗透性教育"和"对症下药、求真务实的高效化教育"，具有渗透性、生活化、针对性和持久性等特征，与隐性法治教育在根本逻辑上遥相呼应。

1. 渗透性

渗透性是"滴灌式"教育理念的具体要求，也是隐性教育的主要特征。"滴灌式"教育理念正是利用了人们的"无意识"（又称"潜意识"），将所要传递给学生的内容渗透到学生的日常生活和学习情境之中，使学生在轻松愉悦的氛围中通过无意识的接受学习内化到自身原有的经验理念之中，从而达到隐性教育的目的，这也恰恰体现了隐性教育中的渗透性特征。渗透教育强调的是循序渐进、日积月累、久久为功，需要将传递给受教育者的信息融入教学、科研、管理、服务等各个领域，使受教育者在耳濡目染中接受熏陶，在潜移默化中接受教育，从而达到春风化雨、润物无声的效果。

目前，全国正在推行的"课程思政"改革为全体教师、全部课程都参与育人提供了很好的路径，有效地改变了思政教师单兵作战、显性课程单维度作战的现实困境，更大范围地拓展了法治教育的传播阵地，使显性教育和隐性教育相结合，更好地服务于学生的成长成才。

2. 生活化

生活化是"滴灌式"教育理念的现实体现。所有的教育也只有回到生活中，帮助人们解决生活中的实际问题，帮助人们改变现有的生活方式、提升对生活的认识，才会被人们发自内心的接纳与接受。

"滴灌式"教育的生活化既包含了教育内容的生活化指向，同时也包含了教育形式的全天候和全覆盖，即要将教育内容贯穿到大学生的日常生活之中，使它们如空气般无处不在，无时无刻不影响和改变着学生的思维方式和行为习惯，及至最后成为学生必不可少的生活日常。大学生法治教育的起点在于显性教育的知识传授，重点却在于隐性化的法治理念引导和外化于行的行为实践，亦即生活化。因此，要使受教育者在知、情、信、意、行等方面遵循一定的法治价值观念体系，并且在思想和行为上达到"知法、学法、尊法、守法"的教育目标，就必须贯彻"滴灌式"的教育理念，切实加强大学生法治教育的生活面向。

3. 针对性

针对性是"滴灌式"教育理念的根本要求。因为"滴灌式"灌溉要求的是针对根部、精准供给。落实到教育领域，则体现为有的放矢、因势利导、对症下药。"滴灌教育要求紧贴学生实际，把握学生心路，创新教育内容，直入学生心底，一个个立专题，一点点解课题，一层层答难题，在求真务实的基础上，最大限度提高教育的实效性。"因此"滴灌式"教育理念内在地要求教育者要围绕学生、关照学生、服务学生，想学生之所想，教学生之所需，也只有在回应学生的关切中，才能够不断地发现问题、解决问题，推动教育实践活动不断向着科学、实效的方向前进与发展。

4. 持久性

持久性是"滴灌式"教育理念的必然要求。思想教育的最终效果是循序渐进、日积月累，进而由量变到质变实现飞跃的过程。不同于粗略豪放的"漫灌"和"淹灌"，"滴灌式"教育理念强调的是在"细""准""精"上下功夫，因此教育效果的显现不可能是一日之功，需要教育者的细致入微和久久为功。这就要求教育者有"甘做人梯、甘为路石"的师者情怀，认真研究问题，主动贴近学生，把握教育规律，力求教育实效。同时，由于"滴灌式"教育的渗透性和生活化特征，应然地体现了教育的持续性和效果显现的长期性。因此，在"滴灌式"教育理念下，教育者要立足于学生的长远发展和终身受益，把既定教育目标纳入教育的长远规划与设计之中，切忌追求短期效应。

新时代加强大学生思想教育要因势利导、因人施教，最终使教育内容入耳、入脑、入心。只有在教育中切实树立"滴灌式"教育理念，才能将大学生隐性法治教育落在实处、取得实效。

（三）协同化育人原则

所谓协同，就是指协调两个或者两个以上的不同资源或者个体，使它们一致地完成某一目标的过程或能力。在协同育人理念下，政府、学校、家庭、社会机构在学校德育中日益结成一个相互作用、不断协调的网络体，形成教育合力，达到最大的教育收益。

大学生隐性法治教育作为一种空间性的社会实践活动，不仅仅是以高校为中心其他资源为辅助的教育，更是一种由政府、高校、家庭、社会共同作用的混合型合作教育，彼此间需要树立协同的理念。活动开展过程中，需要充分调动各方资源，通过资源的整合与共享，实现资源的最优化利用。与此同时，各方资源的供应者作为法治教育的促动者，都处在多级政府、多元组织、多部门联动所构成的关系网中并其中发挥各自的作用。这种网络模式的优势在于更利于创造全方位、浸染式、潜隐性的法治教育环境，并且具有专门性、灵活性、迅捷性等特征。这些组织和部门间的联结度大小反映了相互之间的依赖程度。

在大学生隐性法治教育中，隐性法治教育系统的各要素之间相互作用，缔结成一定的有序结构，并动态地实现着各要素之间的和谐与平衡。协同理论认为，在复杂的大系统中，各子系统间的协同作用会超过各要素自身的独立作用，从而形成整个系统的统一作用和联合作用，各子系统间的配合协作使得系统的功能得到更好的发挥。这种协同包括人与人之间、部门之间和组织之间的协同。也只有在各部门、各组织之间的协同下，才能产生1+1>2的效果。协同的本质涉及两个层面的内容：一方面，作为一种状态，它强调以共同目标为动机，各部分之间协调步调、顺畅衔接、相互促进；另一方面，作为一种结果，它强调的是整体效应，也叫作集体效应，即整体功能大于各局部功能之和。判断是否协同的标准主要要看各组织或各部门之间是否形成了彼此啮合、相互依存的状态。

大学生隐性法治教育的潜隐性和生活性决定了大学生隐性法治教育必须要多个组织与

资源的联结与互动。就其动力而言，大学生隐性法治教育作为大学生法治教育的重要环节，是以政府为主导、以法治价值为取向，自上而下开展的一项社会活动。就其主体而言，它是以高校为主导，以家庭、社区、法治专业资源的多向互动为重要补充的多元主体共同作用的结果。前者属于政府的治理行为，后者属于组织的自治理行为，只有当政府、高校、社区及社会组织之间资源共享、形成协同，才能有效地实现对大学生的隐性法治教育。

此外，还要积极协同线上与线下、网络与现实两个不同的教育空间，在做好各部门资源融合、协同推进的同时，也要积极创新网络传播方式、方法、平台、手段的发展与创新，凝聚法律共识，构建网上网下大学生法治教育的"同心圆"。

三、大学生隐性法治教育的实施策略

大学生隐性法治教育是一项具有复杂性的系统工程，需要从大学生的切身实际出发，综合运用多种手段，推动大学生隐性法治教育的实施和完成。这就需要在开发教育载体、创设教育情境、强化制度实践、优化教育环境等多个方面下功夫，最终实现大学生隐性法治教育的实施与实践。

（一）开发教育载体

生态学是生物研究领域的学科用语，意指研究生物与其所在环境之间关系的学科。这一概念被引入到教育领域，主要用来考察教育生态环境及其构成要素对教育生态系统和教育生态的主体——人的影响。教育生态环境是教育存在与发展的前提条件，统指对教育的产生、存在与发展起到制约与调控作用的多维空间和多元环境系统。教育生态系统存在于空间之中，以自然界和人类社会作为外在的存在环境，通过外界人员、资金、设备及各项方针政策的输入，经过系统运作转换为人才和科技成果的输出。这种空间与环境之间、不同空间之间物质、信息与能量的频繁交互，使得教育生态系统保持了相对平衡的稳定状态。

大学生隐性法治教育是一项由学生、教师、管理者、家庭、社会等多个子系统共同参与多维交互的活动，作为教育中的一个门类，大学生隐性法治教育涉及教育学、心理学、法学、社会学、系统学等多个学科，是一个动态、开放的复杂系统。并且，由于大学生隐性法治教育的生活化和弥漫性，看似与法治教育无关的学科，如科技、生物、艺术等，都和其他涉及的学科因素一样是社会空间给定的因素，这些因素通过多层次的变动和非线性的相互作用，共同奠定了大学生隐性法治教育的政治、社会、文化和心理基础。当代大学生法治教育实践活动面对的社会环境不是静态的，而是一个发展的、多变的、多因素相互影响相互制约的动态的生态系统。从教育生态学角度而言，大学生隐性法治教育本身也是一个教育生态系统，有着其自身的运行规律，因此要对其认真研究并积极构建大学生隐性法治教育的社会生态空间。

教育载体是连接主客体双方的，承载了教育目的、原则、内容等信息，被教育者主导，通过互动对受教育者施加影响、产生触动的物质性或文化性实体。隐性教育中的教育载体通过暗示、感染、激励、启迪等方式来达到教育的目的，由于其规避了显性教育中的说教性质而更容易被受教育者所接受，因而在大学生法治教育过程中我们要注意隐性法治教育载体的开发和创新。

1. 校园中的隐性法治教育载体的开发

为国家建设事业输送合格的高素质人才是高校的重要使命。一直以来，高校也是开展大学生法治教育的主体，通过主课堂、社会实践等多种方式为提升大学生法治意识和法治素养做出了积极的探索和贡献。但同时我们也应看到，在充分发掘校园载体开展大学生隐性法治教育方面，高校还存在一定的发展空间。

在校园空间方面，应加强对校园空间的活化利用，提升校园的空间育人功能。当前，大部分校园空间的规划主要服务于学生的学习、居住、活动、休闲等相关功能，虽然也有意识地设置了条幅、标语、灯箱等形式作为隐性教育载体，但就总体而言，空间教育的载体还存在单一化、雷同化等特征，平面空间利用较多，立体化空间利用较少，空间吸引力不强，学生参与度不高。因此，我们要注重对校园空间的设计与创新，要充分利用校园内的一楼一室、一花一木，增加校园物质文化环境的精神内涵，增强大学生对校园物质文化环境的认同感。如在学习空间规划上，要从使用者的角度对空间进行改造升级，淡化"黑板—讲台"的空间设置，弱化显性教育的说教意味，使教师和学生能够打破交流的壁垒进行频繁而平等的互动。同时要有意识地打破空间功能单一的格局，使空间安排能促进室内外空间的良性互动，营建出和谐、健康的活力氛围，为大学生间的交往互动提供便捷性，从而促进思想、意识等在同辈群体中的沟通和流动。此外，我们更要善于利用亭台楼榭等立体的校园空间，走廊、楼梯等辐射空间，为其赋予法治宣传的功能，从而营造出"泛在式"、潜隐性的法治学习环境，使学生时刻处于守法向善的文化环境浸染之中，进而实现隐性法治教育的目的。

在校园文化方面，要注重强化法治精神引领，将法治观念融入大学生的价值观念、理想信念和目标追求之中，使法治成为大学生的自觉选择和共同行为方式。校园文化是高校宝贵的精神财富，需要经过长期的发展实践才能积淀而成。作为一种客观存在，大学生的思想和言行无时无刻不受到校园文化的浸染和影响。为此，高校应充分发挥校园文化的潜隐化育人功能，将法治精神融入其中，引导学生树立与时代进步相适应的法治观念和法治行为。在精神理念上，高校应注重将自由、民主、公正、平等、权利、秩序等彰显法治精神的理念融入到校风校训、办学宗旨和校园文化之中，引导师生形成依法办事的法治思维和行为习惯，进而将法治内化为内心坚定的信仰。在校园文化活动上，高校应注重将法治寓于文化活动之中，如以大学生关注的热点、焦点法治事件为切入点，通过举办模拟法庭、案件研讨、法律文化展览、法治电影展播等活动将法治知识有形化，以浓厚的法治宣传氛围来熏陶大学生，实现中国特色社会主义法治入脑、入耳、入心。

在校园制度方面，高校要健全规章制度、完善治理结构，以全方位依法治校的工作模式涵养全校师生的法治精神。依法治校是依法治国方略在学校管理中的具体体现，是实现大学治理现代化的必然要求。推进依法治校就是要求以法治的形式来实现高校的自主管理，依法对高校的学术权、行政权、决策权、民主权、监督权等进行配置，依法组织和实施办学活动，依法调整学校、教师和学生等各方的权利和义务关系，借此全面提高师生员工的法治素养，树立自由、平等、公正、法治的核心理念。在依法治国、依法治校的大背景下，高校党委要充分发挥把方向、管大局、做决策、保落实的核心领导作用，将全面从严治党和依法治校有机结合，全面落实新时代关于党的建设的新要求，以政治建设为统领，全面营造风清气正、依法办事的良好环境。在日常行政工作中，高校应依据《中华人民共和国高等教育法》《普通高等学校学生管理规定》等法律法规的授权，以保护师生的合法权益为根本出发点，依法定边界、依法定规则，做到形式合法性和实质正当性的统一。在办学活动中，教师要明晰自身的权利义务和职责，依法开展教学活动、依法参与学校管理。高校构建科学完备、横纵贯通的制度开展依法治校的过程正是对大学生开展隐性法治教育的过程，在凝练学校法治文化理念、依法依规开展学校治理的过程中，学生也会受到处处体现法治精神的校园文化氛围的熏染，从而将法治精神内化于心、外化于行。

2. 社会中的隐性法治教育载体的开发

法律不仅是抽象的意义表征，同时也是具体的社会实践，法律知识的主体在日常生活实践中通过互动构筑我们正常的生活秩序。大学生隐性法治教育是弥散在社会空间中的实践教育，虽然是由高校主导的，但绝不应仅限于校园之内，而是需要社会各界的广泛动员和积极参与，形成综合施策、齐抓共管的格局。

当前，我国大学生法治教育中就法治讲法治、从刑法角度出发将守规则视为法治教育全部内容的现象依然存在。大家普遍认为懂得一些法律知识、掌握一些法律条款、让大学生懂得用法律的武器保护自己就是开展法治教育。但随着依法治国的全面推进，这样的教育理念已不足以支撑起大学生法治教育的全部内容。教育部、司法部和全国普法办联合印发的《青少年法治教育纲要》中明确指出，在高等教育阶段，要向学生系统介绍中国特色社会主义法学理论体系的基本内涵，使学生了解法治的社会背景和国情基础，理解法治的核心理念和根本原则，在不断增强的社会实践中提高运用法治分析问题、解决问题的意识和能力。可见，我们必须要站在建设"自由、平等、公正、法治"的国家和"富强、民主、文明、和谐"的社会的高度，在目标、内容、标准等各方面全方位考虑新时代的大学生法治教育。

开发社会中的隐性法治教育载体，要广泛动员公检法等国家机关和社会力量积极参与到大学生法治教育的工作中来，形成覆盖全社会的法治育人网络。要充分发挥公安机关、法院、检察院、司法行政机关等国家机关和律师事务所、律师协会等法律事务机构的专业优势，一方面和高校合作联合开发实践性的法治教育合作项目，在潜隐性的法治参观与实践中提升大学生的法治意识和法治信仰；另一方面积极派出法律专业从业人员，用身边发生的真实案例、生动形象的讲解等"以案说法"，用自己的专业知识为学生答疑解惑，在为学生解决实际问题的过程中增强大学生对法治的信任与信仰。不可否认，当前我国法律专业从业人员数量有限，不论从机构设置、人员配备、使用经费还是制度保障上，都距离我们构建理想化的社会法治教育网络"应然"状态有着巨大的差距，这也是我们全面深入开展大学生隐性法治教育要克服的瓶颈问题之一。

开发社会中的隐性法治教育载体，还要充分发挥社会公共生活的育人作用，为大学生提供可供广泛参与的社会公共生活平台，让学生在对公共生活的参与和体验中，了解法治的运行规则，明晰法治的精神理念，形成遵法意识和行为习惯，进而升华为终身遵循的法治信仰。随着社会的不断发展，人们公共生活的领域也在不断地扩大。在社会公共生活的场域中，大学生脱离了自己所熟悉的以亲情、友情为主要连接方式的"熟人社会"而在公共生活领域内同"大家""公共"发生各种各样的联系。从人类历史发展来看，正是在公共生活的实践与锤炼中，人们逐渐形成了自由、平等、公正、秩序、权利、责任、契约精神等为主要内容的法治精神。法治是从人的现实性出发而形成的对人类生活最为直接而全面的规范性写照，只有在人的生活世界中寻找法治存在和发展的原因，探究法律的安身立命之本，才有可能培育起人们对法律和法治性制度信任与依赖，进而孕育出法治的精神意蕴，并使其长期、有效地渗透于人们的社会生活空间，并形成坚固的信念支撑。因此，大学生法治素养的养成绝不能离开公共生活这一重要的载体，只有在生动的公共生活中，才能让大学生真切感受到自由与规则、权利与义务的关系，真正做到"强化规则意识，倡导契约精神，弘扬公序良俗"，在生动的生活与实践中不断纠正认知和体验的偏差，切实体悟法治的价值。

社会实践是开展大学生隐性法治教育的一个重要载体。当前，既有的社会实践大部分是由高校组织开展的"三下乡"社会实践、专业实习、社会调研、民情体验等形式进行开展，虽然活动内容比较丰富，大学生参与范围也比较广，但在对接的社会公共生活区域上还略显单一，应进一步开发社会中的隐性法治教育载体，从社会公共生活需要的角度入手，实现从高校单一组织向高校、政府机关、社会机构等多元化组织的方向转变。通过组织主体的多元化推动社会实践平台的开放性，进而为大学生提供更加广阔的空间与机会，使他们了解公共生活规则，养成遵守公共规则的习惯和意识，在对公共生活的积极实践中达到开展隐性法治教育的目的。

3. 网络中的隐性法治教育载体的开发

网络虽然是虚拟的空间，但仍是现实社会中人们的主要活动场域。目前，网络以其超时空性、互动性和便捷性业已成为大学生接收信息的主渠道。掌握网络信息的传播规律，开发新媒体技术使网络成为开展大学生隐性法治教育的有效载体是法治教育工作者要关注的一个重要课题。

（1）我们要加强网络立法，净化网络环境，为大学生构建风清气正的网络空间，使学生在网络空间中切实感受到法治的"获得感"。当前，相比于互联网技术的快速发展，我国对互联网的制度化管理还相对有些滞后。在立法上，规范新媒体运营和管理的法律体系尚待进一步完善和健全。在管理上，由于网络的匿名性使得一部分人将网络视为可以自由纵横的"丛林世界"，随意散布有害信息而伤害了网络的公信力。因此，我们要进一步建立健全互联网监管机制，营造良好的法治舆论环境，具体如下：

第一，加强互联网领域的立法，促进新媒体责任和行为的法律化。如可以借鉴德国的媒体法经验，建立系统的媒体法或新闻法体系，实现对新媒体从结果责任向行为风险控制的转向。

第二，加强媒体人的法律化，加强自我约束，推动行业自律。如培养媒体人的法治思维，对媒体信息所带来的不良后果实行责任倒追机制等，多维度推进新媒体的行业自律。

第三，积极培育舆论引导因子，时刻监控热点内容，在热点事件尚未发酵时做到未雨绸缪，通过舆论引导及时化解风险，营造良好的法治舆论环境，促进网络空间法治化的有序运行。

第四，培养全体网民的法治思维和网络素养，让"网络亦非法外之地"的理念深入人心，时刻约束规范自身的行为不触碰法律的底线。

（2）不断推进互联网、大数据、云计算、区块链、人工智能等新兴技术的发展，并以此为介质加强技术层面的融入，在新兴技术的支撑下构建多元法治主题"互联互通"式的法治教育创新模式。如通过算法推荐主动满足大学生多元化、分众化的信息需求，使学生在各类法治信息和法治案件的精准解读中增进对法治的理解、接受和内化。同时，在表达形式上，要在关注大学生信息需求的基础之上，在传播内容、话语体系上努力贴近大学生，从媒介消费信息出发，丰富法治宣传的产品形态和表达方式，使其更加丰富多样、生动有趣，不断增加大学生和法治信息的黏着力。通过一系列的手段和措施，不断推进大学生群体对法治认知的协同进化升级。

（二）创建教育情境

法治情感是公众对法治表现出的一种亲近体验和主观态度。相比较于法治认知，法治情感是主体在认知的基础之上对法治产生的一种情感因素的融入与渗透。这一过程必然地包含了主体对现实世界的解释、法治观念的符号化构建等过程。就其本质而言，法治情感主要源于主体在实践中获得的对法治是否具有广泛一致性的价值经验判断。法治情感直接决定着人们对法治信任、敬畏、践行和依存的程度。积极正向的法治情感必然激发人们对法治的高度信任、践行和依存；反之，消极负面的法治情感必然削减人们对法治的信任和认同，甚至会使人想方设法地回避法治，远离法治。

法律不仅和国家的自然状态、寒热气候、土地质量、形势状态、生活方式等有关系，而且要和居民的癖好、财富、人口、贸易、风俗、习惯等相适应。同时，法律也和它们的渊源、立法者的目的，以及作为法律建立基础的事务秩序有关系，应该从所有这些观点去考察法律。可见，法律的存在是以现实的人的日常生活世界为前提和疆域的，法治的规范和制度的良性运作必须依赖于现实的人以及他们生产生活的具体场景，因此大学生的法治教育也必须立足于大学生的日常生活世界，关注与他们密切相关的具体的生活情境。

任何教育活动的展开都不是从"白板"开始的。"思想政治教育先在结构具有历史融通性和建构生成性。"作为教育活动的前提条件，教育情境贯穿于教育活动的整个过程，并随着过程阶段而发生相应的变化。在活动开始之前，教育者必须要审视与活动相关的先在情境，如教育目标、教育环境、教育者自身的状态等，这些看似独立但又相互关联相互影响的情境因素需要在教育者的主导下进行组合搭配才能发挥其应有的作用。

审视大学生隐性法治教育的可能性可以发现，开展大学生隐性法治教育的前提有很多，其中的关键问题在于教育主体能否根据教育对象的教育状况和群体性差异而调整教育内容和方式，进而填补受教育者和教育目标之间的"差距"，使其与教育目标的方向保持一致。

当前，"现代性"是我国社会发展的一个重要语境，它包含着从一种现代形态到另一种现代形态的空间变化。在现代社会中，由于人、财、物等物质因素，以及保障这些因素发挥作用的政策、制度、环境等无形资源的空间分布并不均匀，加之互联网的发展为大学生延展了无限的网络空间，无数大学生个体被吸引走出课堂这一"封闭型的组织群"，追求个性化的学习生活空间。大学生独立学习空间需求的增强，同时在知识经济时代商品化逻辑的主导下，教育主体多元化已成为常态。法治教育作为一门和社会发展紧密结合的实践性科学，更是法律和教育在空间的分布结构、分布关系、多主体融合互动以及实体空间的外延拓展等现象的综合演变。在一定的学校可及的时空压缩技术的支持下，学校掌握的资源不同，大学生法治教育在空间中也就呈现出不均衡的状态，从而导致资源配置不合理、空间需求不对接、教育效果不明显等问题的凸显。

接纳并理解这种"差异"性是教育主体切入隐性法治教育过程的必要准备，也是其创设隐性法治教育环境的前提。在这一过程中，教育主体并不是纯粹被动地接纳，而是通过某些信号向受教育者发出一些先兆性的信息，以唤醒他们的求知期待和接受准备，从而使他们及时调整自己的心态，进入教育情境，接受教育信息。如召开一些重要会议、典礼前的奏唱国歌仪式，中小学上课前的学生起立问好仪式，一些职业新人就职前的入职宣誓仪式等，都是提醒教育对象做好接受教育准备的情境设置。

隐性教育作用于个体的过程主要受个体的身心条件和接受机能、环境的创设和利用、学习活动及掌控等三个方面因素的影响。如果说先在情境是开展大学生隐性法治教育的前提，可以帮助我们从中发现教育对象和社会主流价值期待之间的差距并着手隐性法治教育目标及活动的开展。那么，情境创设则是开展大学生隐性法治教育的关键环节。因此，大学生作为正在成熟与发展的"现实的人"，不仅时刻浸染在立体的社会环境中，同时也拥有着错综复杂的社会关系，他们思想和行为的发展绝不仅受学校教育的影响，而是家庭、学校、社会、网络等场域综合作用的结果。因此，要增强大学生法治教育的实效性，必须要重视和挖掘潜隐在各个场域和过程中的隐性法治教育资源，创设优良的隐性法治教育情境。

情境的创设必须要满足两个条件：①教育情境必须是由教育主体根据社会主流价值需要和个体需要而营造和创设的，是教育主体有意识设计与创设、而教育客体则是无意识接受的情境；②情境的创设必须要有教育意义，符合情境创设的教育期待，能够激发大学生对法治的美好情感，否则就失去了创设本身的意义。

大学生隐性法治教育情境的创设要注重生活性与时代性的结合。通过不断完善法律体系和良性的法律制度，可以进一步加快我国法治化建设的步伐，科学立法、严格执法、公正司法、全民守法深入推进，全面依法治国取得了为世人瞩目的新成就，谱写了中国特色社会主义法治建设的新篇章。大学生法治教育要以此为依托，大力营造遵法守法、积极向上的法治文化氛围，以多种途径和方法，全方位、多层次、有计划、有重点地影响大学生，涵养大学生，不断内化大学生遵法守法的自律性。

大学生隐性法治教育情境的创设还要注重针对性和人本性的结合。相对于面向大众的普法教育，大学生隐性法治教育是面向大学生这一特定群体的，因此，隐性法治教育情境的创设也要从教育对象及其特殊性和差异性出发，根据教育对象群体的身心发展规律和思想形成规律，使创设的情境和教育对象的知识、经验、阅历和体悟相匹配，从而使受教育对象在其原有知识架构上有所收获与进步。

（三）强化制度实践

法治是文化的存在，也是制度的存在。从制度层面而言，法律也可以说是法治制度化的表征。作为依法治国的有机组成和具体化，法律制度是在依法治国建设实践中沉淀下来并达成共识的"良法善治"的理想信念和价值规范，具有显著的育人功能。不论是涉及宏观国家治理层面的制度体系，还是微观组织管理层面的规章制度，都蕴含着丰富的制度文化，都有着显著的育人功能。只有公正，道德、合乎人的发展目标和规律的制度才具有正向的意义，才能被人们所接受、遵循和践行。

制度育人的一个重要前提是制度公正。只有制度公正，制度教育才是符合人性的、向善的教育。所谓的制度公正，包含着两个层面的含义：①指制度本身的公正性，即制度内含的对公平正义的追求和体现；②指民众把公正的要求转化为制度。在当前的社会中，人们时刻都处于现实利益交换的冲突之中，成年人的行为和态度，以及由此而形成的社会价值标准和行为方式、社会风气等时刻都在浸染着学生，当学生的所见、所闻、所思、所想与所学相互矛盾时，就必然地造成了高校法治教育的低效性。因此，只有通过公正的制度才能建立起一种有序的社会交往结构，进而营造出公正的社会风气和文化底蕴。

制度文化是人为的，同时也是为人的。制度育人的本质是"人化"，目的是"化人"，制度文本虽然是静态的，但制度育人的彰显并非仅是制度对人从外部的强制性约束、规范和惩戒，同时也是受教育者对制度进行认同并主动实践的一个动态过程，在这一过程中，制度和人共同作用，相互形塑。正是在制度常态化的规约和理想化、道德化的引导中，人们才不断强化了社会主流价值规范并内化为自身的行为。青年大学生是参与国家未来建设的主力军，是践行法治的主体力量，如何创造性地创设制度文化，使其更好地服务青年学生的发展是教育工作者必须加以考虑和斟酌的问题。

在大学生法治教育制度文化创建的过程中，教育者必须要摆脱对制度工具化、功利化的偏见，要不断强化"人文关怀"的服务意识，将制度规约和道德感化、人文关怀紧密结合起来，尊重人性、发展人性，丰富人性、充盈人性，通过正义、向善的制度文化激励青年学生们积极进取，不断将制度他律转化为道德自律，将制度文化的强制要求转化为制度规约的纪律自觉，从而实现自身的完善与超越。具体到高校，就是要将"依法治教"和"依法治校"的理念贯穿到学校管理的各个环节和过程，建立民主管理机制，加大学生的知情权、参与权和监督权，切实尊重学生的合法权利，保障他们的合法权益，使学生在对法治的体验中收获美好、获得教育。

（四）优化社会环境

法治作为"善良和公正的艺术"，只有内化为我们的内心自觉，才能得以坚守。厚植法治文化，就是要培育法治社会的文化土壤，建立起一套被广大人民所接受的价值尺度和行为标准，用法治信仰和时代精神涵养人们的心灵，在全社会形成浓厚的法治文化氛围。厉行法治、依法治国是国家治理现代化的必然要求，是实现社会主义现代化强国建设目标的重要保障。环境对大学生法治观的形成和发展有着不可忽视的作用。开展大学生隐性法治教育，需要通过构建健康的家庭环境、和谐的校园环境、稳定的社会环境和规范的网络环境等途径，积极营造出有利于法治观培育的整体氛围，为大学生隐性法治教育的开展创造良好的外部条件。

1. 健康的家庭环境

家庭是社会的细胞，是人类生存和发展所必须依赖的基本社会单元和纽带链接。父母是孩子的第一任老师。在一个常态的家庭当中，家庭环境是熏陶大学生健康成长的重要资源，也是家庭发挥教育功能的重要保障。无论社会如何发展，家庭对子女的教育功能和引导作用都不可替代，具体表现在：①家庭文化为学生成长提供了重要的模仿资源。家庭中长辈成员的一言一行、一举一动在不知不觉中都会对未成年子女以及价值观正在形成期的青年学生产生潜移默化的影响，可以说，家庭长辈对子女都起着身教示范的作用。②家风家训对育人化人发挥着重要的促进作用。从语言到观念、从待人接物到生活习惯，家庭长辈成员对未成年子女都会产生积极或消极的影响，形成他们初步的思想观念和价值认知，进而形成家风的传承。家风的浸染、家训的熏陶在对子女的教育引导方面发挥着重要的作用，它不仅决定或影响着家庭成员之间关系的建立，同时也为教育对象获得心理上的安全感和满足感、形成健康的人格奠定了最根本的基础。

家庭不仅是人们的身体住处，更是人们的心灵归宿。在妻贤夫安、尊老爱幼、兄友弟恭、知书达理、勤俭持家、诚实守信、遵纪守法的家庭环境中，子女们无形中会树立起忠诚、责任、亲情、平等、规则等理念，进而在为家庭谋幸福、为社会做贡献、为他人送温暖的过程中提升精神境界，树立起法治的文明风尚。这就需要我们在"家庭—家教—家风"的有机统一中推进家风建设，父母长辈要关心关爱每一位家庭成员，用自己的实际行动做好子女的典范，争做时代家风建设的表率。同时，要主动发挥家庭的生活功能和教化功能，将新时代的公民道德建设和社会主义核心价值观融入家教全过程，教育子女将个人发展和民族命运国家前途结合起来，提高精神境界，形成良好的家庭环境和家风传承。

2. 文明的校园环境

校园是大学生学习生活的主要场所，校园环境是体现学校文化建设的重要抓手。环境优美、格调高雅、秩序良好的校园环境对学生形成文明、健康、守法的意识和习惯有着不可低估的作用。不论是校园的自然环境还是人文环境，都有着鲜明的时代感、导向性和渗透力，学生参与其中、直观感受、耳濡目染，在潜移默化中就会受到校园文化的熏陶和影响，进而形成自己的心理定式和处世哲学，使环境育人的功能得以发挥。这就要求学校领导班子要全面加强依法治校、依章治校的意识，切实贯彻落实中央的"八项规定"和"三严三实"要求，认真贯彻执行党委领导下的校长负责制，在法治精神和法治逻辑的框架下开展科学民主的教学实践活动，具体如下：

（1）以社会主义核心价值观为引领，健全学校的规章管理制度。高校要根据相关法律法规，结合本校实际，制定完善的规章制度，将程序正义贯穿依法治校和制度建设的全过程，注重在学校内部打通法律救济渠道，对不当的管理行为予以纠正，最大限度地保护全校师生的合法权益。引导学生在依法办事的实践中，形成良好的法治思维和习惯，并最终内化为坚定的法治信仰。

（2）建立完善工作机制。充分发挥制度的隐性育人功能，确立富含公平、正义、平等法治精神的制度理念，彰显伦理关怀，以制度的合法性增强制度育人的凝聚作用、熏陶作用和激励作用，不断强化大学生的法治品质，使他们形成尊法守法学法用法的良好习惯。

（3）加强教师队伍建设。以师德师风建设引领校园法治文明，坚持思想引领、制度规范、监督约束，形成弘扬优良教风的长效机制，杜绝学术造假、学术腐败等行为，树立教师诚信为学的典范，营造健康的学术氛围，使教师以自身的诚信形象示范带动学生。

（4）加强校园文化建设。"当代高校在开展教育管理工作过程中，不仅需要注重学生专业素养的培育与提升，还需要注重校园文化建设质量。"① 一方面，要善于把握隐性知识的传播规律和内隐学习的接受规律，充分利用校园公共空间的平等性、开放性和可达性的特征，将法治精神的内涵糅合于合科学性与价值性相统一的公共空间之中，通过加强校园公共空间人文景观的规划与设计，利用书画、雕塑、建筑小品等形式融入法治主题，渗透法治观念，在潜移默化中实现隐性法治理念的传播与传递；另一方面，要结合宪法宣传日、"315"国际消费者权益日等重大时间节点和学生关心的重大社会事件，开展主题教育活动，在多形式、多载体的活动互动中，弘扬法治文化，涵养法治精神。

3. 稳定的社会环境

营造稳定的社会环境是全面推进依法治国的出发点和落脚点，是实现建设现代化国家长远目标的重要保障。面对错综复杂的国际国内局势，我们要时刻保持清醒的认识，既要坚定"四个自信"增强"四个意识"、做到"两个维护"，始终坚持中国共产党的领导，又要深化依法治国实践，依托法治协调各方力量，化解社会矛盾、规范社会秩序，为大学生成长成才营造和谐、法治、安定、有序的社会环境。营造稳定的社会环境，需要我们从以下三个方面加以完善和实施：

（1）推进法治国家、法治政府和法治社会的一体化建设，不断完善政府依法行政制度，建立重大决策法定程序与合法性审查机制，推进各级政府事权的规范化、法律化，提高社会管理的法治化水平。

（2）深化司法体系改革，注重整体性与协调性，全面落实司法责任，明确司法工作人员的工作职责、流程和标准，让人民群众在每一个司法案件中都感受到公平正义。

（3）加强法治宣传，深入推进全民普法工作力度，提高全体民众知法、守法、用法的

---

① 张英琦，王兴伟. 新时代校园文化建设路径探索——评《校园文化建设的理论与实践》［J］. 中国教育学刊，2022（07）：120.

法治意识，不断增强法治宣传的渗透力和影响力。尤其是要积极发挥领导干部学法尊法用法的表率作用，坚决捍卫宪法法律权威，形成有法必依、执法必严、违法必究的良好法治局面。

4. 规范的网络环境

随着互联网的不断发展，人与网络的联系越来越紧密。大学生正处于理想信念和价值观念形成的关键时期，网络社会和网络法治环境的建设也深深地影响着他们法治观念的形成与发展。全面依法治国，内在地要求将社会的各个领域、各个环节、各个方面都纳入法治的轨道中来，互联网也不例外。构建规范的网络环境，要注重将社会主义核心价值观融入网络建设和管理的全过程。在当今信息时代，社会主义核心价值观作为网络意识形态的精神内核，对社会经济发展和精神文明建设发挥着重要的精神引领作用。

（1）进一步健全网络空间立法，修订和完善相关法律法规，积极创建依法建网、依法管网、依法用网的网络法治社会。要坚决打击网络上的攻击、诈骗等不良内容，尤其是对利用网络宣传宗教极端主义、宣扬民族分裂思想、教唆恐怖暴力等行为予以坚决的清除和打击，保证网络空间的依法、规范、有序、文明运行。

（2）加强网络空间的综合治理，明确政府职能部门、企业相关部门、网络监管人、网络使用人等不同角色的社会职能和法律责任，建立网络舆情监管和重大事件迅速反应联动机制，动员网民参与到网络空间的监督与管理中来，形成全员联动全员监督的网络格局。此外，还要加强信息安全技术的研发，利用先进的技术加强对网络空间的监管权和引导权，做到急情可知、舆情可控、迅速联动、全面护防。

（3）注重培育成熟的网络平台主体，遴选并培养出一批既认同中国特色社会主义法治又深谙信息传播规律的人才队伍，要突出专业性，把握时代性，明确针对性，在做好舆论监管与引导的同时，创新性地建设法治传播渠道，吸引广大学生切身参与到中国特色社会主义法治的学习、传播和建构中来，不断拓展网络空间的法治传播力和影响力。

四、大学生隐性法治教育的实现路径

开展大学生隐性法治教育要以实现大学生法治教育的资源链接、整合与释放为根本出发点，通过打破高校法治教育的空间禁锢以实现教育资源的最优配置。具体说来，应通过以下路径加以实现：

（一）建立项目化运行机制

建立项目化运行机制应鼓励高校法学专业师生、社会公检法等执法、司法部门面向非法学专业大学生开发，并设置主题法治教育课程，提供法治教育空间。

学生的学习动机直接决定了他们在学习情境中的表现。因此，大学生法治教育项目的主题设置应以大学生的现实需求为出发点，通过某一主题内容打包式项目化运行的机制，消解传统范式下法治教育主客体之间的知识隔阂和空间障碍。如可根据大学生需求和社会实际情况，面向大学生开设关于公民权利和义务、法律诉讼程序、人身伤害纠纷、电子诈骗、劳务纠纷等内容为主题的独立课程，以实现大学生和教育内容的有效对接。

在提高法治教育内容实用性和可及性的同时，减少以班级或课堂为单位的法治教育课程比例，改设为不受空间限制的法治教育时间，将大学生从学校的空间禁锢中释放出来，通过分配给他们一定比例的法治教育时间，鼓励他们根据自己的需求参加学校内外、线上线下等不同空间维度内开设的法治教育项目，为法治教育供需双方的空间交汇提供制度保障。在大学生自主参与法治教育项目的过程中，项目的组织方负责对大学生参加课程的内容、形式、时长等信息记录在册，并在项目结束后反馈给学校计入该生的法治教育课程考核体系中，作为获取大学生法治教育学分的考核依据。

（二）打造智慧教育系统

当空间从其最初的自然属性和物理属性中挣脱出来，被赋予社会学的意义时，空间就不再仅是容纳和承载社会关系的容器，而是自身也具有了生产和建构的意义。互联网的出现使得空间生产的外延和意义都发生了巨大的转变：一方面，互联网的高速联结使得外在的空间被压缩，原来散布在各处的人们能够轻松跨越空间的区隔建立联系——地球变成了地球村；另一方面，互联网使人们能够认知和占据的空间得到无限扩张，各种资源被唤醒，空间中的各种存在都被集中汇集到人类面前，在为人们带来各种诱惑的同时也带来各种改变的可能。

"以新一代数字技术与智能技术为支撑的智慧教育能够为破解教育系统发展难题、引领教育系统革新提供有效解决方案。"[①] 因此，在社会转型所带来的不可逆转的现代性前提下，顺应空间的发展趋势，借助网络技术实现多重法治教育空间的协同是新形势下提升大学生法治教育实效性的内在要求，具体如下：

第一，建立大学生法治教育云平台，实现有相应专业资质、服务能力和诚信品格的法治教育组织同大学生需求之间的有效对接，为大学生提供专题教育课程、法治服务热线、

---

① 胡钦太，林晓凡，王姝莉. 智慧教育驱动的教育系统革新［J］. 中国远程教育，2022（07）：13.

法律事务咨询、公益司法援助等服务，使学生在遇到来自各方面的伤害或困惑时能够得到及时的答疑与救助。

第二，通过云计算建立大学生违法犯罪预警机制。即通过设置敏感词或对大学生某一时间段内的高频次访问记录进行追踪，结合数据分析，对大学生的行为进行预判，对存在潜在风险的情况及时发出警告并开展调查，将有可能转化为违法犯罪的行为控制在早发萌芽阶段。

第三，开发法律知识学习互动软件，如利用学习强国平台等普及法律知识，通过记录学习时长、互动答题积分等，将学生的学习积分纳入课程考核体系，鼓励学生利用网络平台开展自主学习。

（三）发掘社会资源

开发公检法、法庭、监狱等部门的公益服务空间，制定公益服务标准和要求，对公益服务形式（知识讲授、实地参观、案例旁听等）和最低服务时长做出明确要求，并将其纳入部门的考核体系，激发相关部门参与大学生法治教育的积极性。在大学生法治教育空间和资源的供给方面，可由国家根据其考核结果进行不同程度的资金支持，以鼓励公检法等执法、司法部门充分挖掘自身资源并转化为面向大学生开放的法治教育资源和空间。同时，也可整合高校法学专业、律师事务所、公检法等相关部门的力量，使多元化的法治教育资源下沉到高校，进而使高校大学生法治教育和社会法治机构形成良性互动。

就弥合资源空间的可操作性而言，法律事务所、公检法等执法、司法部门具有专业的法律服务团队和成型的法治流程，而高校则有场地、有需求，二者可在政策的引导下实现资源的互动和优势的互补，如请专业的法律从业人员到校内授课、设置专门的法律事务咨询时间、选取与大学生紧密相关的案例到校内举办模拟法庭等，不仅节约了建设成本，而且可以为大学生提供更加专业、便捷和具有针对性的服务。此外，还可以完善学工部门的体系设置，如建立专门的法律事务咨询中心等，为有需求的学生提供常见的法律事务引导或法律纠纷咨询，以提升大学生运用法律武器解决纠纷事务的能力。

总而言之，实现法治教育社会力量的组织化是弥合大学生法治教育空间断裂的有效路径。通过吸纳整合专业化的组织资源，扶持高校或社会成立的法治教育宣传自发组织，将法治教育由国家政治要求转为面向大学生个体的需求，进而促进大学生追求法治化的个体行动，实现法治精神和法治能力的提升。

五、大学生隐性法治教育的保障措施

加强组织领导是强化大学生隐性法治教育的重要保障大学生隐性法治教育因其教育目的、教育手段等具有潜隐性而更需要有坚强的组织领导、科学的顶层设计和高效的运行机制。由于隐性法治教育的生活嵌入性、空间弥漫性等特征，大学生隐性法治教育不止局限于校园之内，而是需要学校、社会、家庭等多个维度的协调联动、协同推进，因而强化大学生隐性法治教育的组织保障需要我们把加强组织领导掌握主动权、做好顶层设计明确管理权、打造中国特色社会主义法治文化把握话语权。

（一）掌握主动权

大学生法治教育是加强意识形态工作的重要组成部分，事关大学生的成长与发展，事关法治国家建设的进程与未来。当前，虽然加强大学生法治教育的理念已成为教育工作者的共识，但在实际开展过程中还存在课程设计不合理、教师队伍专业性不强、理论偏多而实践较少、学校和地方部门协同力度不够等问题，导致部分大学生法治教育的实效性差强人意。只有加强组织领导把握主动权，才能主动出击改变被动应对新形势的局面。

1. 把握隐性法治教育的规律

掌握主动权就是要科学把握开展大学生隐性法治教育的规律。规律是事物内部或事物之间存在的必然联系，决定了事物发展的必然趋势。规律虽然是客观存在的，不以人的主观意志为转移的，但规律又是可以被人所认知、把握和运用的。大学生隐性法治教育作为一种客观实践活动，也有其自身的内在规律。如法治宣传教育的规律、内隐学习的规律、接受内化的规律、舆论传播与扩散的规律等，如何认识和把握这一系列规律和法治教育的关系核心，如何准确地找到开展大学生隐性法治教育的切入点和着力点，如何面对世情国情党情的深刻变化，有效应对国内外多元思想文化交流交融交锋所带来的影响等，都是我们开展大学生隐性法治教育所必须解决的问题。

2. 贯彻落实党的领导

掌握主动权就是要在大学生法治教育中全面贯彻落实党对一切工作的领导，增强大学生对党的领导的高度认同。在中国进行社会主义革命、建设和改革的进程中，中国共产党始终将人民利益放在首位，党的一切理论和奋斗都致力于实现以劳动人民为主体的最广大人民的根本利益，从而赢得了人民的信任和爱戴，也获得了广大人民的高度认同。要实现党在新时代的历史使命，高校法治教育必须要增强青年学生对党的领导的高度认同，站在

"大思政"格局框架内，积极宣传党的指导思想和治国理政战略，积极传播党的光辉历程和丰功伟绩，使青年学生形成对中国共产党的正确认识和深厚的情感认同，坚定跟党走的决心，坚定对中国共产党领导地位的信心。

3. 坚持问题导向

掌握主动权就是要坚持问题导向，动员一切可以动员的力量，主动构建协调联动的大学生隐性法治教育"共同体"。坚持问题导向就是要以问题为中心，将发现问题、研究问题、解决问题作为工作的出发点和落脚点，在研究问题、解决问题的过程中推动实践前进、实现理论创新。只有坚持问题导向，才能增强工作的系统性和预见性；也只有坚持问题导向，才能赢得发展的主动和先机。中国特色社会主义进入新时代，建设社会主义法治国家的目标同样要求我们的大学生法治教育要坚持问题导向，在发展中国特色社会主义的进程中面对新形势、解决新问题，在深化依法治国的实践中回应时代关切，彰显人文关怀，切实将高校的法治教育同学生的成才与发展结合起来。这就要求从中央到地方各级党委，从高校到政府各个法治宣传部门，都要制定实际可行的工作机制，将构建大学生隐性法治教育空间和环境作为工作的一个重要内容，将本单位的工作实际和大学生隐性法治教育有机结合起来，形成大学生隐性法治教育因素的全覆盖、全渗透和全方位影响。

（二）明确管理权

全面依法治国是一项系统工程，必须统筹兼顾、把握重点、整体谋划，更加注重系统性，整体性、协调性。作为全面依法治国重要组成部分的大学生法治教育不仅是知识的传授，同时也包括思想的触动、情感的传递、意念的传承等需要在课堂之外才能实现的隐性教育环节。这就需要在利用课堂主渠道做好显性法治教育的同时，还要对大学生隐性法治教育做好顶层设计，明确学校和地方行政部门的责权配置，形成以宪法教育为核心、各个环节有机衔接的大学生隐性法治教育体系。

在党中央的领导下，我们逐渐探索形成了全员、全过程、全方位育人的"三全育人"理念，逐渐建立起了统筹安排、层次推进的青少年法治教育体系，法治教育工作取得了长足的进步。但同时我们也应看到当前的法治教育距我们的预期还存在一定的距离。这主要是因为：一方面，大学生个性意识的崛起使得他们的个体需求日渐多样化，多样化需求折射的是大学生个体价值的多元，这种多元使得大学生的主体价值处于难以统合的离散状态，仅靠统一设定的法治知识体系很难满足大学生的需求；另一方面，在实际运行过程中，由于相关地方行政部门仍倾向于将法治教育视作是学校的事情，而将自己置于"旁观者"的角度，缺乏参与的积极性和主动性。加之由于没有制度性的强力约束，即使有的法治资源单位面向学生开设了实践活动，也多是阶段性参与，缺乏长期性和系统性，从而使法治教育实践沦为形式性的存在而难以发挥其真正的作用。

大学生隐性法治教育是弥散在社会空间中的实践教育，离不开公检法等相关部门专业资源的供给与支持。这就需要我们有意识地做好大学生隐性法治教育的顶层设计，明确高校和各地方行政部门的权责义务，互通有无，形成隐性法治教育的合力，具体如下：

第一，建立高校和各系统之间的互联互通机制，厘定各系统、各部门间必须要互联互动的活动范畴，制定互联互通制度，发挥系统联动优势，增强法治信息的传播力和影响力。

第二，压实压紧责任，优化学校和地方公检法部门的权责配置。一方面要切实提高公检法等相关部门对大学生法治教育的重视程度，将推动大学生法治教育的责任、特别是统筹和提供法治教育资源的责任压实、压紧到各级各部门，改变以往仅充当"旁观者"角色的情况；另一方面，要进一步开发公检法、法庭、监狱等部门的公益服务空间，制定公益服务标准和要求，对公益服务形式（知识讲授、实地参观、案例旁听等）和最低服务时长做出明确要求，并将其纳入部门的考核体系，激发相关部门参与大学生法治教育的积极性。

第三，有意识整合高校法学专业、律师事务所、法律援助机构、公检法等相关部门的力量，如请专业的法律从业人员到校内授课、设置专门的法律事务咨询中心为有需求的学生提供常见的法律事务引导或法律纠纷咨询等，将多元化的法治教育资源下沉到高校，使高校和社会法治机构实现良性互动，进而形成法治教育的社会合力和良好氛围。

（三）把握话语权

大学生隐性法治教育虽然是潜隐性的，但并非是纯粹的"无目的之教"和"无言之教"。这里的话语权是要在大学生法治教育中坚定文化自信，通过主动占领舆论宣传的主阵地、构建具有中国特色的社会主义法治话语体系等，讲好法治故事，传播法治声音。

话语权是领导权和管理权的实质旨归，掌握了话语权就等于掌握了主动权，就可以引领社会思潮，凝聚社会共识。因此，应主动把握话语权，讲好中国故事，传播好中国声音。讲故事，是国际传播的最佳方式，讲故事就是讲事实、讲形象、讲情感、讲道理，讲事实才能说服人，讲形象才能打动人，讲情感才能感染人，讲道理才能影响人。要组织各种精彩、精炼的故事载体，把中国道路、中国理论、中国制度、中国精神、中国力量寓于其中，使人想听爱听，听有所思，听有所得。这些都为我们开展大学生隐性法治教育提供了根本遵循。

第一，把握话语权首先是要坚持党对宣传舆论工作的绝对领导，始终坚持正确的政治方向。在改革发展的关键时期，加强党对舆论宣传工作的领导一刻都不能放松。越是面对纷繁复杂的形势，就越需要主流媒体发挥舆论引领作用，坚持正面宣传为主，坚持传播主流声音，坚持对人民关切的问题正面回应，积极发声，切实做好弘扬主旋律，传播正能量。

第二，把握话语权就是要构建当代中国的法治话语体系。由于受"法治的故乡"或"法治样板国"等西方国家法治理念的浸染与影响，我国法治领域长期地运用域外法治话语，尚未建立起自己的法治话语权威。如不及时地对这种状况做出改变，则极有可能让我们丧失在世界法治领域内的话语权威。这就需要我们既要将社会主义法治理念放置在人类法治思想演进史和法治实践史的多样态大背景下加以考察，从而正确认识其应有的地位，又要将社会主义法治理念放置于当代中国发展的整体阶段与进程之中，正确认识中国特色社会主义法治对促进中国发展的现实贡献，进而加强对法治思想和知识资源选择的自主性，增强法治对中国国情的解释力和适应性，从而建立起既立足本国又面向世界的社会主义法治话语体系。

第三，把握话语权就是要在旗帜鲜明发声的基础上，讲究宣传策略艺术，既要靠真理的力量鼓舞人，又要靠创新的方法策略、宣传的艺术技巧打动人。对高校教育工作者而言，在利用好课堂这一显性法治教育主渠道之外还要积极深挖社会法治教育资源，搭建法治实践教育的广阔平台，使大学生在生动的法治实践中感受中国特色社会主义法治的价值和权威。对法治工作者而言，要单纯、静态的普法为综合的、动态的普法，要变革以往刻板的理论宣传模式，将语言传播与非语言传播的方式结合起来，创设具有特殊含义的意识形态符号——意义体系，进一步拓展负载知识信息的符号编码的传播和运作范围，将法治教育的内容以象征的形式传递给时间与空间中潜在的受众，进而达到隐性法治教育的目的。

此外，还要将法治教育同大学生的生活实际关联起来，将法治教育意识融入司法、执法的全过程和各个环节，让人民群众在每一起案件中感受到公平正义，增强他们的"获得感"。对宣传舆论工作者而言，就是要俯下身，沉下心，察实情、说实话、动真情，努力推出有思想、有温度、有品质的作品，用先进的文化作品引导人们树立遵法守法用法的思想理念。

第四，把握话语权还要积极抢占新兴舆论阵地，提升运用新媒体开展法治教育工作的能力。近年来，随着信息传播技术的迅猛发展，新兴媒体成为青年受众尤其是大学生获取信息的主要渠道。相应的，包括法治教育在内的思想政治教育领域也纷纷实施数字化、网络化战略，加快向新媒体领域拓展并取得了积极的进展。但就总体而言，我们对新媒体在依法依规、科学管理等方面还存在许多薄弱的环节。如对新媒体技术传播规律的认识还不够深刻，运用媒体技术的能力还不够强，对新媒体阵地话语权和影响力的掌控度还比较弱等。如果我们不能有效占领新兴舆论阵地，就会被别有用心的人甚至是敌对势力占领，就会对我们的思想教育工作形成挑战。

因此，我们必须要强化阵地意识，主动利用新媒体技术的传播优势，借助网络媒体、手机媒体、流动媒体等新兴媒体，积极传播法治建设的优秀成果以增强大学生践行法治的积极性，及时回应大学生关注的法治热点事件，以主动、开放的姿态与大学生互动，增强大学生群体对法治教育的"获得感"，不断增强对新媒体阵地的话语权和把控力。

第五章 当代大学生法治思维的培育原理

第一节 当代大学生法治思维及其培育基础

随着我国依法治国战略的不断推进，国家治理方式发生了巨大的改变，法治的地位不断上升，在现代化国家建设中，法治思维和法治方式作为新的理论工具日益受到重视。"大学生法治思维的培育，是法治社会建设和国家治理现代化的必然要求，是大学生自身全面发展和高素质人才培养的内在需要，是大学校园和谐稳定与社会长治久安的基础工程。"① 研究大学生法治思维培育具有重要的现实意义，对相关理论的梳理，是进行科学研究的前提和基础。

法治思维方式是人们按照法治的理念、原则和标准判断、分析和处理问题的理性思维方式。法治思维是一种可靠的逻辑思维，是治国理政的思维方式，具有正当性、规范性、科学性。法治思维离不开分析、判断等逻辑思维，离不开法治原则、法治的精神实质、法治的价值追求等法治内涵。比起法律思维，法治思维更加系统化和全面化，它包含了法律思维，还是一种规则治理思维，但蕴含了以人为本的基本价值追求。它不仅是为公权力者或者政法执法人员掌握运用的思维方式，还必须为全体公民所掌握。

"大学生作为社会主义建设者和接班人，其法治思维和法治精神对全面落实依法治国发挥着重要的作用，也对大学生适应新时代要求实现自我发展发挥着不可替代的作用。"② 大学生法治思维应该包含三个方面：①建立的正确的社会主义法治理念的基础上；②处理问题和解决问题时，运用的原则、逻辑、手段、原则、基本精神，都以法律角度出发来进

---

① 王海燕，郑娴. 全面依法治国背景下大学生法治思维培育探析 [J]. 黑龙江省政法管理干部学院学报，2021（04）：157-160.

② 高志华. 当代大学生法治思维培育的意义与路径 [J]. 中国高等教育，2019（11）：50-52.

行；③用逻辑的、理性的方式来形成决定、选择的思想认识活动经历。

一、法治思维的内涵

对研究对象进行科学界定，使之概念化，可以对研究对象进行准确定位与表述。准确界定法治、法治思维的内涵及其两者的关系，是研究大学生法治思维培育的前提。不但如此，与研究对象相关的问题和概念，也要细致地阐述与说明，厘清概念是做好研究的基础。要清晰地论述当代大学生的法治思维培育，先要弄清楚法治思维的概念，在此基础上，才能够条理清晰地论述大学生法治思维培育的问题。

法治思维是以法治为核心的思维方式。目前，我国正处于深化改革的关键期，为实现国家的改革发展稳定，法治应成为治国理政的主要方式，法治思维应成为社会主流的意识形态，这是与我国的社会发展方向相一致的。

法治思维作为意识形态，是"知、情、意、信、行"的有机结合与统一，起于"思"，终于"行"，最终目的是依法实践、依法行事，是思维与实践的辩证统一过程。

（一）法治思维的"知"

法治思维的"知"即人脑对法治的反映、认知与思考，也包含相关法律知识。思维是人认识周围现实世界的高级阶段，靠着思维的帮助人就能认识对象之间客观存在的各种联系和关系。人借助于思维就能认识它用感觉反映现实的方法所不能认识的东西。思维作为一种高级意识活动，依赖于大脑的机能，法治思维是治理现实世界的规则在人脑中的映射与思考，这种规则即宪法和法律。法治思维是一种理性思维，是思维主体将反映到大脑中的认知，与通过学习获得的前知识相结合，经过审视与思考得到的理性结论。

从认知的发展规律审视法治思维，可以看出法治思维是从对法律的反映、认识，再从认识到理论提升的发展过程。具体来说，是法治思维主体将通过实践获得的法律知识、经验和方法运用到实践中去解决相关问题，并在此过程中进一步把握和提升法律知识的过程。是一个从"认知—理论—实践"的螺旋式上升过程。法律的相关知识是法治思维的具体载体，法治思维的确立必须以对法律的认知和一定的法律知识为前提，只有具备一定的法律知识，才能树立规则意识，规范人的行为，做到依法行事。

（二）法治思维的"情"

"情"指对法治的情感认同。法治作为治国理政的理想模式，反映在主体的心理情感上，应是一种发自内心地对法治的接受与认同。法治主体对法治作为一种理想的社会治理模式充满热情，对法律忠诚、信任、崇尚，以至依赖，对法治社会具有强烈的期盼之情，并以巨大的热情推动法治社会建设。认可法治是解决实际问题、治理国家的主要方式，形成遇事找法的理念。对法治思维的情感表明，不能从心理上产生对法治的认同与情感，树立法治思维便成为无源之水、无本之木。只有认同、热爱和信仰法治，才能真正确立法治思维。目前，人们对法治的情感认同具有一定的普遍性，但对法治的热爱与信任还需要进一步的提升，对法治的信仰更需要大力培养。

（三）法治思维的"意"

"意"指法律意识。法律思维是人们对现有的法律条文和法律现象所持有的观点、态度。意识是人脑的机能，是现实世界映射于人脑的反映。法律意识的产生是现实世界的法律条文、法律规则、法律事件不断刺激大脑神经系统做出的反应，借助经验的积累，经过映像、记忆逐步发展而成的一种意识存在。法律意识是对法律文化的一种观念表达，是对法律动机、法律内容、法律认知、法律实施和法律定位的整体把握，是法治思维的存在基础。法律不是自然产生的，是统治阶级为维护自己的统治地位制定的一套规则和程序，具有鲜明的阶级性。法律的特点是确定性、普遍性和强制性。法律设置了人们行为的底线，树立法律意识要求人们用法律规则来思考问题，以法律为准绳来判断事情的真伪与对错，依据法律的程序来解决问题，用法律的方式来处理矛盾。

（四）法治思维的"信"

"信"指对法治的信仰。法治在本质上是对公平、正义、平等、自由等权利的尊重与保护，也是一种国家治理模式。法治以法律为基础和核心，法律属于上层建筑，是国家意志的体现，是治理国家的重要工具，既保障全体社会成员的合法权益又对全体社会成员的行为进行约束，是社会公共意志的体现，理应得到社会的普遍尊重和认可，法律自身所具有的权威性值得人们去信仰。法律被信仰的前提是法律必须是制定良好的法律，即是"良法"。法治信仰是将对以法律为基础的法治认同根植于人的内心世界，是发自肺腑的遵从法治、敬仰法治、推崇法治、捍卫法治并维护法治的权威。法治信仰要求社会成员发自内心的敬畏和尊重法治，将法治原则贯穿到工作和生活的方方面面，不断增强法治观念，真正做到知法、守法、遵法、用法。

（五）法治思维的"行"

"行"指依法行事，是法治的应用、实施和实践，最终落实在法治方式上。在"知"与"行"的关系上，"知"是"行"的前提，"行"是"知"的目的。法治思维指导法治方式，法治方式是法治思维的体现。行动由意识决定，方式经由思维来选定。获取法治知识、产生法治认同、树立法治意识和信仰，是为了解决实际问题，指导实践活动，这是由理论指导实践的过程，也即法治方式。

依法行事是指行为主体对实施对象进行法治考量，借助法治手段来分析问题、解决问题，这是法治思维的外化过程，是将法治运用于实践的过程和方法。法治方式是法治思维的理性命令，是理性对意志的强制。行为是意识的反映，又反作用于意识，是行为对意识的理性驾驭与规范。法治方式就是要遵守法律，树立法律至上观念，严格依法行事，法律的生命在于实施，不具有可行性的法律没有存在的意义。法律用来保障人民的合法权益，规范社会行为，调整社会关系，维持社会秩序。把法律作为行动的规则，来评判和处理社会发展中遇到的各类问题，法治方式是解决问题的首要方法。

二、当代大学生法治思维的形成

（一）当代大学生法治思维的形成特点

1. 交融性

大学生法治思维形成具有交融性，是指大学生法治思维的形成与其他不同种类的教育相交叉、相影响，共同组成大学生全面发展教育的有机整体。

（1）法治思维的形成与道德教育相交融。法治与德治两方面作为国家的调控手段，它们具有不同的功能，也能相互补充、相互促进、相互交叉。在法治思维的形成中，道德教育也是与法治思维的形成具有紧密的联系。在高校中，对大学生进行道德教育的目的就是要使大学生形成正确的人生观和价值观，实现大学生道德水平的提升。大学生法治思维的形成有利于规范大学生的行为，用合法性底线思维和程序性的理性思维来使无形的道德内容外化为可以遵循的规则规范。大学生道德水平的提升能促进大学生法治思维形成在合法的基础上做到合情合理，使大学生的法治思维符合社会的公序良俗和人们在长期交往过程中取得的一些基本共识。

（2）法治思维的形成与思想教育相交融。思想教育是研究大学生在一定物质基础上思想动态的过程。思想教育是最广泛、最普遍的教育，能涵盖大学生的学习生活的各种动态。法治思维从本质上讲，也是一种意识形态，也包含在思想里面。因此，法治思维的形成与思想教育相交融。大学生法治思维的形成可以借助思想教育的各种理论指导、教育原则和教育方法，从而提升法治思维的培育效果。法治思维的形成能净化大学生的思想，为大学生的思想教育提供一个良好的校园环境。大学生普遍形成较高的法治思维水平能从客观上营造了一个讲规则、守纪律、和谐有序的氛围。

（3）大学生法治思维的形成与政治教育相交融。法治是为政治服务，政治能促进法治的实现。因此，大学生的法治思维形成与政治教育相交叉、相互影响。大学生法治思维的形成能更好地促进我国政治生态的和谐有序。而政治教育能提升大学生的政治素养，有利于大学生认清基本方向，形成符合我国实际国情的法治思维。

（4）大学生法治思维的形成与心理教育相交融。思维的形成是心理教育研究的基本内容。大学生法治思维的形成可以借助心理教育的各种理论方法，能有效促进法治思维的形成。而法治思维也能为大学生的心理教育提供一种理性思维，有助于帮助形成大学生一个理性的、健康的人格。

2. 时代性

大学生法治思维形成的时代性，是指大学生法治思维的形成发展、特征表现等体现时代的元素和特点。随着社会的时代背景的变化和所在社会环境的影响，大学生法治思维也留下了时代的印记。社会的时代特征不断影响着大学生法治思维的发展走向，而大学生法治思维水平又反过来影响着社会的发展和时代的变迁。因而，大学生法治思维的培育要根据时代的主题和任务来更新内容和方式，不断适应新情况、新发展、新时代的要求。

（1）大学生法治思维的培育基础应符合当代的要求。大学生法治思维的培育基础应该以党和国家的大政方针相一致，这是保证大学生法治思维正确发展的基本方向。

（2）大学生法治思维的培养内容应该体现新时代特点。新时代新征程，法治教育的目标和重点内容经过了普及法律知识、提升法治意识到培养法治思维的过渡。大学生法治思维不是简单的法治意识层次，而是更复杂、更高层次的意识系统。因此，要结合时代发展特点，将公民权利思维、规则思维作为培育重点，以此提升大学生法治思维的时代契合性。

（3）大学生法治思维的培养载体应运用时代元素。当今时代下，新媒体信息技术的迅猛发展，为大学生法治思维形成创新了教育载体。提升大学生法治思维的有效性，应该结合大学生喜闻乐见的通讯、媒体平台，做到与时俱进，使大学生能方便、快捷、获取地相关法治信息，为法治思维的形成奠定丰富充实的知识宝库。

3. 实践性

大学生所学习的所有的法治知识都是来源于社会实践，法治思维在实践中不断地修正与深化。大学生法治思维形成的实践性是指大学的法治思维训练与法治实践密切联系，法治思维是在法治实践中通过学法、用法、护法的不断巩固中深化，并通过法治实践来检验形成的法治思维是否正确。

（1）法治思维侧重于对大学生用法的实践提升。不同于法治意识的培养侧重于对大学生知法、用法的观念提升，法治思维更加注重对大学生形成逻辑思维、法治行为习惯和用法能力的训练。因此，大学生法治思维培育过程中，应加强多种法律思维能力的实践，并通过实践促进大学生法治思维的形成。

（2）法治实践能够检验形成的法治思维是否正确。实践是检验真理的唯一标准，是最好的试金石。法治思维的形成最终都是投入到法治实践中才能实现其真正价值。大学生只有在法治实践中追求法治真理，大学生的法治思维才能得到升华。

（二）当代大学生法治思维的形成脉络

1. 法治思维形成的基础是法律知识的积累

法律知识是一种相对静止的稳定要素，它包含了法律的内涵和外延，也包含了如对法治程序、法治价值和法治追求等内容。法律知识，简单理解就是法律规范、法律规则，它是社会发展过程中，人们所取得的底线共识。法律知识中的法律概念、法律规则等基本理论，也是社会规则长期沉淀、高度浓缩的表达。法治思维的一个重要内容就是程序规则思维，这要求社会民众在处理问题时候，要寻找法律依据，按照法定程序来解决问题，这是法律知识最基本的作用。"新时代加强大学生的法治教育，必须培养大学生形成中国特色社会主义法治思维，形成运用社会主义法治思维分析和解决问题的能力。"[①]

加强大学生法治思维培育必须让大学生掌握丰富的法律知识，任何思维方式都必须以一定的知识作为其出发点和基本要素。大学生要形成新时代法治思维，需要较为丰富的法律知识作为奠基。大学生通过学习和实践习得的法律认知和法律体悟、法律经验的总和。它不仅仅包含对现代法律条文的各种理解和运用，还包含对法律的属性、功能、价值追求等要素的感知和体验，对法治历程的发生、发展、变化的了解和分析。

---

① 杨祥冰. 新时代大学生法治思维培养路径的实践维度 [J]. 法制博览，2021（26）：184-186.

大学生要形成符合时代要求的法治思维，需要加强以下三方面法律知识的学习积累：

（1）广泛涉猎常识性的法律知识，即法律通识。这样的法律知识就是与社会生活日常紧密联系的法律常识。如宪法、刑事法律、民事法律等，特别是与大学生学习生活和就业相关的法律，如合同法、婚姻法等。

（2）加强对专业性法律知识的学习。专业性法律知识就是掌握与大学生所学专业相关的法律知识。如学习掌握与金融专业密切相关的经济法和金融法，与会计专业和财务管理专业密切相关的会计法、预算法、审计法等法律，与医学专业相关的执业医师法、药品管理法、传染病防治法、侵权责任法等法律。大学生只有具备专业背景下法律知识的充足储存，才能在未来的工作中运用法律去解决问题，规范自己的执业行为和工作习惯。

（3）领悟理论性法律知识。理论性法律知识通常较为晦涩难懂，需要大学生在政治、历史、文化等方面加以综合，形成对这些理论知识的内在本质把握。因此，大学生作为新时代的法治人才的首要标准，就是要不断学习积累法律知识，从而形成较为完善的法律体系架构，这是形成法治思维的首要基础和步骤。

2. 法治思维形成的起点是法治意识的养成

一个法治国家和社会的进步与发展，它的原生动力和精神支撑是这个国家社会公民的法治意识。当公民个体的法治意识凝练成社会成员间的"最大公约数"的时候，一个法治社会或者法治国家就基本成形。在某种程度上，民众法治意识的高低决定了法治在社会施行成效的高低。可以说，法治意识养成是法治思维形成的起点。

从我国目前的社会主义法律体系的构建来看，基本已经行为较为完备的法律架构体系。但是法律体系的完备程度并不代表着社会公民法治意识的高低，社会公民整体对待宪法法律的态度和遵守社会规则的主动性和积极性仍有很大的提升空间。公民整体的法治意识对我们国家全面推行依法治国的执行效果有着很密切的联系。在社会治理和组织模式当中，法治意识的自觉性能有效实现法治价值追求，树立法治图腾，使公平公正的法治价值追求扎根人脑，从而为积极地开展法治实践提供引导和指导。从根本上说，法治意识在一个国家是否树立起，根本遵循就是将法律规则转化为"主观见之于客观"的法律自觉行为。因此，法治国家的形成在于当法律行为的自觉性即法治意识普及于民众之中。

法治意识是人们从法律层面对社会事物、社会事件等的基本观点和看法。大学生的法治意识是法治思维形成与发展的起跑线。从内容上看，大学生的法治意识包含权利意识、程序规则意识、宪法法律至上意识、法的价值意识等，法治意识是内化的、自觉的法治观念。大学生的法治意识不应只是表现在对法律的遵守和运用上，还应该包含了对法律规范的理解、对法治内在价值的认可、对法治精神的尊重等。法治意识是大学生遵守法律的自我驱动，也是见义勇为、敢于同违法犯罪行为做斗争的精神支撑。在中国特色社会主义迈入新时代的今天，市场化、法治化、信息化的时代特征对大学生的法治意识提出了更高的要求，它不仅需要大学生对法治意识的内涵有更高更深层次的理解与把握，更重要的是要求大学生增强维护法律尊严和宪法法律权威的自觉性。

3. 法治思维形成的保障是科学的法治制度

对法治思维的形成而言，法治意识的养成固然至关重要，但仅仅有法治意识的存在是远远不够的，必须在法治制度层面来稳固和保障。制度本身具有全局和稳定的作用。好的法律制度就是"良法"，即是善、大爱、以人为本、科学合理的制度。因而，法治制度建设对法治思维的形成具有很大的影响，健全完善的法治制度是形成法治思维的有力保障。

在法治制度中体现人文精神，准确界定权力的边界，明确监管、监督运行方式等，具有新时代的价值和意义。从法治思维的培育来看，"良法"能充分地激发各种有利因素、消除隐患，把公共权力在为民谋利和促进社会进步发展的有利优势充分发挥出来，它能得到社会公民的普遍认同，提升法治意识，还能优化法治认知结构，实现法治思维水平的提升。同时，在法治制度建设中融入法治思维，将法治理念、法治在公平正义的价值追求融入法治制度，提高制度建设的有效性和科学合理性，这种法治制度保障下形成的法治思维才能经得起人民、历史和实践的检验。

4. 法治思维形成的本质是法治信仰的深植

人们如果没有法治信仰、社会没有法治潮流，法治只能是无米之炊。法律知识虽然是法治思维的形成的基础，但又绝不仅以人们习得法律知识的边际增量为根本遵循。法治思维形成的本质就是公民对法治内在价值的高度认同和法治信仰的树立。法治思维在新时代的使命，就是要让宪法法律至上权威的大旗迎风飘扬，让民众不仅服从法律，而且是从内心尊重和崇尚宪法法律，从而在内心树立起法治的信仰。法治信仰是民众对法律的尊崇与深度信服，是人们不断深化法治实践中得出的产物，这是一种对自由、平等公正、理性等理想信念的向往和追求。法治信仰能够形成一种崇高的境界，这种境界能形成一种对法律信任的现象和情感，在更高程度上来讲，能达到自愿为法律献身的崇高境界。社会的有效治理依赖于人们有对法律的信仰，否则，公平正义、个人正当权利的维护、以人为本等价值理念都是无稽之谈。

法治信仰是大学生基于法治实践得出的理性选择，是通过法治思维的内化上升到更高阶段一种表现。是大学生经过法治实践后，通过提升法治意识，法治思维的不断反复强化，所应该达到的一个认识层次。大学生的法治信仰一般包含两个层次：从基本层次来看，就是大学生对"法治"本身和对社会法治现象的基本的观点和见解；从较高层次来看，是大学生对法治的高度依赖和最高期望，它包含了大学生对公平、正义、自由、平等、权利、有序等法治价值的有益探索。

培育大学生的法治思维，要抓住其本质，即以树立大学生的法治信仰为根本目标。要激发大学生对法治的尊崇和依赖，通过对法治的高度认同来指导社会法治实践活动。大学生形成法治信仰后，才能更好地运用法治思维解决一些实际问题。

综上所述，知识是基础，是法治意识和法治信仰的基本载体，没有丰富的法律知识积累，法治思维的形成也成了无本之木，无水之源；法治意识是起点，是大学生法治思维形成的起跑线；科学的法治制度是法治思维形成的保障，而法治信仰是法治思维形成的本质。大学生在一个科学合理的法治制度保障下，掌握丰富的法律知识，通过不断参与法治实践提升法治意识，最终树立起法治信仰，这是大学生法治思维形成的基本脉络。

三、当代大学生法治思维的构成要素

（一）法律知识

法律基础知识是形成法治思维的物质基础，只有在对法律有一定认知的基础上才能形成法治思维。我国的法律法规是一个庞大的体系，大学生不可能通过短期的学习达到掌握的程度，因此对大学生的法治思维培育应以国家的根本法——《中华人民共和国宪法》为核心，再根据个人的实际需求，扩展到相关实体法的了解和学习。

依法治国是我国重要的战略方针，依法治国首先要依宪治国。宪法体现了全体社会公民的共同利益，维护宪法就是维护我们的共同利益。我国宪法以国家根本法的形式，确立了中国特色社会主义道路、中国特色社会主义理论体系、中国特色社会主义制度的发展成果，反映了我国各族人民的共同意志和根本利益，成为历史新时期党和国家的中心工作、基本原则、重大方针、重要政策在国家法制上的最高体现。宪法不仅是每个公民的行为准则，也是党和政府的行动纲领，任何个人和机关在宪法面前平等，没有不受宪法约束的个人和机关，这是推行依法治国的根本。宪法的独特地位表明，依法治国的实现、法治思维的确立，必须先从了解、尊重和掌握宪法开始。因此，大学生法治思维培育也要以宪法内容为核心。

当代大学生首先要明确宪法是国家的根本大法，是其他法律的基础，其他法律的制定都要在宪法指导下进行，不能与宪法宗旨相背离，宪法在一个国家的法律中拥有至高无上的权力和地位。宪法是国家的根本法，是治国安邦的总章程，具有最高的法律地位、法律权威、法律效力，具有根本性、全局性、稳定性、长期性。国家的国体、政体、民族政策、经济制度以及人民的基本权利和义务等，都在宪法中有明确的规定。宪法所确立的国家制度和原则是立国之本，关乎国家的长治久安和人民的根本利益，全体社会成员都必须全面贯彻、认真遵守。

大学生作为社会主义法治国家的建设者和接班人，必须掌握宪法的内容，遵循宪法的规定和原则，树立社会主义法治信仰，将宪法作为行动准则，内化于心、外化于行。大学生要知晓宪法在国家建设和社会发展中所起的决定性保障作用。我国的宪法由代表人民根本利益的人民代表大会制定、颁布、实施，体现了人民的共同利益，是一部治国"良法"。依法治国就是依宪治国，宪法为深化改革开放、进行社会主义现代化建设保驾护航，最终实现"善治"的目标。大学生应当认真学习宪法的基础知识，充分了解宪法在国家政治、社会生活和个人发展中所发挥的作用，尊重宪法、维护宪法，自觉遵守和践行宪法。此外大学生还要了解宪法在治国理政中的纲领性作用，是国家根本制度和根本原则的源头。同时，人民是宪法的制定者，也是宪法的受益者。

对大学生来说，形成法治思维，首先要树立宪法意识，明确宪法作为根本大法的地位，了解宪法的基本内容。树立宪法意识能够使大学生对宪法的定位有清晰地了解，对宪法所规定的公民权利和义务、国家与公民之间的相互关系有正确认知。目前我国正处于深化改革和全面实现小康社会的关键时期，为实现依法治国的目标，需要全体社会成员树立宪法至上的理念，大学生尤其要确立对宪法权威地位的认可。

大学生只有将宪法至上的观点纳入统一共识的范围内，才能为树立法治思维打下坚定的信仰基础，才能将宪法化为自我的内在约束力，达到宪法实施的真正效果。在此基础上，大学生可以根据自己的学习能力和实际需要，有针对性的扩展到相关实体法的学习。丰厚的法律知识是法治思维形成的基础，对法律知识掌握得越多，越容易形成和提升法治思维。

（二）法治情感

情感是一种主观性心理体验，是外界事物在人们心理上的投射，反映了人们对于事物的态度取向。大学生对于法治的情感认同体现了他们对于法治的态度和观点，是大学生树立法治信仰，形成法治思维的前提。对法治的情感认同意味着法治主体将法治作为治国理政的方式充满信任和热情，崇尚和遵从法律，认可法治是国家治理的最佳方式。没有对于法治的认可和热爱，就不可能树立法治信仰，法治思维更不可能形成。

法治情感是法治信仰形成的必要条件，只有对法治产生发自内心的信任和热爱时，法治信仰才可能产生，法治思维才具备形成的条件。法治情感不属于人类自发的情感，需要后天的培养。当代大学生大部分具有对法治的认同意识，但还没有达到对法治充满热爱和完全信任的程度，当遇到权利受损时，还存在托关系的心理，对法治还存在观望态度，缺乏敬畏和信赖之情，对法治国家建设缺乏参与的积极性和主动性。因此，大学生的法治思维水平和状况还需要通过系统的法治教育来改变和提升。

1. 培养法治情感要具备对法治的认同感

对人们正当利益的承认和维护，是法治认同形成的现实基础。树立法治思维首先要在心理上认同法治，法治作为制度对全体社会成员都具有约束力，对象的普遍性使法治具有严格的公信力。法治的约束力和公信力源于法治在本质上是社会公共意志的表达，体现了人民民主、社会规范和公平正义，基于人们正当利益的认可和维护，理应得到民众的认可和信任。法律作为上层建筑体现了统治阶级的意志，在我国，人民当家作主，因此我国的法律在制定时倾听了人民群众的意见和建议，包括大学生在内，每个社会公民都有参政、议政的权利，人民的正当意见得到立法机构的重视和采纳时，就会对亲身参与制定和修改的法律产生亲切感和认同感。

认同法治是信仰法治、践行法治的前提。对大学生进行法治情感的培养，是进行有效的法治教育的重要内容。法治并不仅仅意味着严刑峻法，法治的价值还在于保障人民的自由、民主、平等、权利，维护社会和谐与长治久安。社会主义法治国家建设就是要把法治作为解决问题、化解矛盾的主要方式，形成自觉守法，遇事找法、解决问题靠法的法治思维模式，才能真正实现依法治国。

对法治的认同体现为社会个体对法治的主观心理体验，利用法治社会实践，大学生通过亲身体验，感受到法治的威严和法治正义的力量，就会增强对法治的认同感。法治正义不仅体现在自身的正义——得到认可的法律必须是"良法"，还体现在程序正义，法治程序的公开、透明，才能真正吸引人们对法治进行深刻解读，体会法治的正义价值。大学生通过法治教育和实践对法治有深刻了解之后，就会对法治产生内在认同的情感动力，愿意自觉地遵从法治、践行法治，从而形成法治思维。

2. 培养法治情感要具有对法治的敬畏感

法治是社会公共意志的体现，是治理国家的方需要全社会遵守，体现了法治的权威性。人们对法治的认同源于得到社会普遍认可的法律必须是制定良好的法律，"良法"易于得到社会的认同和遵从。"良法"体现了社会的公平正义和铁面无私，对法治的敬畏之情使得法治得以推行和实施。

大学生对法治的情感认同是因敬畏法治而产生的情感，因敬生畏，敬是前提，出于对法治发自内心的尊重和认可。因敬畏产生的法治情感认同，具有可持续性，在现实生活中表现为尊重规则、崇尚法治、愿意按照程序办事。遵纪守法，是法治社会中合格公民的必备素质。将法治作为个人行为的准则，遵循法律、遵守规则、遵照程序、依法办事，是法治社会公民的素质要求。法治的情感认同是法治思维的心理基础和前提，法治情感认同是在情感动力支持下产生的法治认同，是建立在规则基础上法治思维构成的心理要件和精神内涵，也是法治的思想内核。

中国特色社会主义法律体系的形成，是我国依法治国、建设社会主义法治国家历史进程的重要里程碑，也是世界法制史上有标志性的重大事件。加强当代大学生的法治情感认同，要加强对大学生的法治教育，了解我国的法律法规，了解法治国家的建设目标和进程，加强社会主义法治国家的归属感，明确大学生在法治国家建设中的责任和目标定位，不断提升自身的法治思维水平，尊重和敬畏法治，树立法治至上的观点，才能为依法治国贡献自己的力量，不断推动社会主义法治国家的建设进程。

（三）法治实践能力

对大学生进行法治教育，使他们了解宪法及法律知识，培养他们的法治认同感，具备法治意识、树立法治信仰，最终目的是为了践行法治。简而言之，就是要大学生提升法治实践能力，做到知法、懂法、守法、用法。

实践是法律的基础，法律要随着实践发展而发展。法治实践即法治的实施，就是要发挥法治的作用，取得法治实效，即法治的"实现"。宪法和法律制定出来，并不意味着能在实践中得到贯彻，拥有法律的社会也不一定就是法治社会。法治实施一方面要看法律本身是否是"良法"，另一方面还要看现实中是否具备法治实施的社会基础，两者具备才可能实现"善治"的理想社会。由此可见，法治要实现其价值势必要求其各项规定要在社会实践中得到贯彻，法治实践是法律后果的发生方式，法治的权威和效果都要通过实践得以体现。就法治实践的实质而言，法治实践就是要使各种法律规范转化为人的行为规范，在人们的日常社会生活中得以贯彻实施，调节人们的行为与现实的关系，即法治在现实社会中被遵守、被使用、被贯彻、被实施。

法治实践是在实践中对法治的应用。法治的实质是国家的政治问题、经济问题、文化问题和社会问题等解决方式的法治化,其核心是对权力的约束,法治的意义在于对权力加以限制,防止权力被滥用,让权力得到人民的监督,维护人民的利益,法治实践体现了现代法治对传统以"人治"为主的治国理念的颠覆。

法治实践是一个系统工程,需要法治各要素协同运作,熟悉宪法及法律知识,权力机关要严格执法和公正司法,最终才能实现全民守法。分析各要素的作用可以看出,宪法作为根本大法,在我国的法治体系中起到统帅作用,是其他法律实施的指挥棒,其他法律作为下位法都要唯宪法马首是瞻,不能与宪法相抵触。国家机关作为法治的实施主体,在执法过程中要做到严格、规范、公正。公正司法,或司法公正,就是要在司法过程中坚持公平正义原则,不仅体现在结果的公平正义上,还要在程序上体现公平与正义。

守法是对全体社会成员的共同要求。法治实践应在坚持公平、正义等法治价值的同时注重社会效率,主要体现为三点:一是法治的实现程度;二是法治实践的社会效果;三是法治实践中的资源有效配置。法治实践使法治的设置目的得以实现,制定法律时所蕴含的公平、正义、自由、民主、平等的价值目标才能得以体现,但法治实践的程度和效果则与社会效率息息相关。法治作为国家治理方式,最终还需要人来实施,因此个人的法治实践能力决定了法治国家的建设进程。全面推进依法治国,需要高素质的法治人才,而法治人才的培养离不开高校这个阵地,因此,对大学生的法治教育还需要不断加强。

法治实践是法治的根本,是法治的最终落脚点。各种制度和各项义务要通过法治实践得以实现,公民的基本权力要通过法治实践获得保障,国家和社会也要积极营造有利于法治实践的社会氛围。法治调整国家、社会、单位和个人间的关系,也即公权力和基本权力的关系。法治的价值在于规范行为,保障公民基本权力得以实现。法治的作用在于用法治方式调整关系、化解矛盾、保障权利。法治实践是包括立法、执法、司法、知法、守法各环节的协同运转的保障体系,是一个系统的工程,涉及法治的可实施性,法治实践的体制,法治人员的素质、能力和法治实践所需要的法治环境等问题,是关乎法治体系的严谨性,执法程序的公正性,救济渠道的畅通性,法治队伍的专业性和普法教育的有效性等多个法治要素。

法治实践还要体现人民的参与权,让人民不仅参与法律的制定,还要监督法律的实施。法治是国家治理的工具和手段,为了维护整个社会的正常运转,法治作为工具体现了不同于其他工具的权威性和神圣性,它是理性的化身和正义的代表。对大学生进行法治思维培育,应重在传播法治知识,培养法治精神,树立法治信仰,但最终落脚于法治实践。

法治不是单一存在的制度，而是和政治、经济、文化、社会制度等息息相关，任何体制和个人都离不开法治，要真正实现依法治国，就要充分发挥法治在国家治理中的作用，就要对全体社会成员进行法治教育和法治文化灌输。作为国家栋梁的大学生更是重点培养的对象，只有这样才能使人民大众逐步树立法治思维，全面建成社会主义法治国家才指日可待。

四、当代大学生法治思维培育的特征与意义

（一）当代大学生法治思维培育的特征

1. 培育对象的特殊性

在整个现代化的过程中，人的问题贯穿于其中，因此实现国家治理体系和治理能力现代化的核心在于"人的现代化"，其涵盖了人的价值观念的更新和人的素质的提高。

思想观念的变革在于思维向度的转变，强调领导干部的法治思维，源于我国的法治具有外生性，在党的领导下，我们必然选择的是一条政府推进型的法治化道路的模式，政府则更多地承担了法治建设的一线责任，而领导干部则成为法治建设的重要的前线力量，因此强调领导干部法治思维的养成是符合我国法治化道路的选择。然而建设法治中国需要全员参与，法治思维当然也就需要全员养成，这是因为思维形成的一个原理是：只有当某种思维模式在人群中形成固定的、主流的思维习惯和框架，才能成为人们的主体思维结构。即只有全体民众养成法治思维，才可以使其成为建设法治中国的主导性思维，从而推动法治建设的进程，只有少数人具备法治思维，说明还不能在当今立足。当代大学生也可能培养成未来的领导干部，也会参加到各行各业中去，所以大学生法治思维的养成同样很重要。

2. 培育内容的全面性

大学生法治思维是一种以"合法违法"为评判起点，以"权利义务"为分析线索，以"公平正义"为精神内核，以"强调程序"为操作杠杆的法治思维。这四大方面仅是从法治所固有的特性出发，但是法治思维的内涵和外延远不止这些，可以从以下两个方面理解培育内容的全面性：

（1）从人类法治发展的历程来看，法治不仅是一种治国方式，更是人类的共同理想，蕴含着人类对"自由""公正""平等""人权"等价值的向往和追求。因此无论是西方还是东方社会，都拥有共同倡导的关于法治的价值公约数，而将这些普遍追求的法治价值作

为大学生法治思维的培育内容，旨在唤起大学生对法治深层次的感情，不只是停留在表层的是非对错的判断上。

（2）每一时代的理论思维，都是一种历史的产物，在不同的时代具有非常不同的形式，并因而具有非常不同的内容。因此，大学生法治思维的内容应该放在法治中国建设的具体语境中，按照社会主义法治的性质和理念来确定，即可以从坚持党的领导、人民当家作主、依法治国"三者统一"的关系来入手，让学生明白我们建设的法治是社会主义性质的法治，帮助大学生不偏离社会主义法治的方向，大学生法治思维的培育内容从这两个大的方面入手以确保内容的全面性。

3. 培育过程的渗透性

从心理学的角度来说，人类思维的形成过程为人的共性，每个人都必须经过"认知过程""情感过程""意志过程"才能促成思维的养成。同样，法治思维的形成是这三个过程的集合体，即通过给个体融入法治知识以帮助他们形成稳定的法治认知结构，注入法治情感以提升他们对法治的崇尚之情，锻炼法治意志以保持他们对法治的始终如一。所以，大学生法治思维的培育过程是根据"认知""情感"和"意志"的逻辑关系展开的。

从形成的顺序来看，首先是产生认知基础，然后是出现情感，最后是形成意志，但是三者又是相互影响的。认知为情感和意志的形成奠定基础，情感过程是认知过程和意志过程的中间环节，影响认知的量和认知的方向，也决定了个体执行阶段的广度和深度，影响意志的形成；反过来，意志在形成的过程中，也会对认知和情感进行相应的调节。

因此，在大学生法治思维的培育过程中，要明白每个环节不能孤立存在，注重"教育"和"养成"相结合，不能就知识讲知识，要有一定的情感因素，也不能光是宣传法治相关的正能量，激发学生的法治情感，还要考虑认知和意志的形成因素，同样在学生具体实践过程中，要利用认知和情感因素指导他们正确地做出选择，帮助他们下决心紧靠法治的步伐处理生活学习中的矛盾。

4. 培育过程的长期性

法治要在一个国家得以根深蒂固，不仅靠的是"表层化"的制度设计，更要靠的是社会所有成员内心深处对法治的信任和崇尚。法律所以能见成效，全靠公民服从，而遵守法律的习惯须经长期的培养。社会成员法治思维的养成不是一个指令从上级传达到下级就能完成的，需要一个相当长的过程，要充分认识法制宣传教育的长期性、艰巨性，并逐步使之制度化、规范化，使人们真正将法治内化为自身的习惯。因此大学生法治思维的培育必须被视为一项长期系统性的教育工程，不能仅看作是教材的一个小节来处理，高校管理者和教师们需在顶层设计以及具体培育手段方面下功夫。之所以强调这点，主要源于以下两个原因：

（1）思维形成的长期性决定了大学生法治思维培育过程的长期性。思维作为一种高级的认知活动，有着非常复杂的形成机制，要经过外物刺激、大脑能动反应、信息加工以及行为选择等过程，不仅只是纯粹的将外物融入个体的大脑中，而是"内在化"认识运行模式的总和，即认识主体要根据自身的需求，从价值上对信息进行加工后重新构建自己的认知体系，这一过程是长期性的。

（2）法治的长期性决定了大学生法治思维培育的长期性。从某种程度来说，所有国家的法治不仅是作为一种理想和治国方式而存在，而更多的是作为一种"无限接近"的状态而存在。我国是一个崇尚"德治"的国度，也是一个具备人治传统的国度，这样的文化传统至今还影响着人们的评价方式和行为方式。多年的法治历程虽然取得了很大的成就，但是总体上全民法治素养仍然有待提高，法治思维尚未形成，"法存在"仍然还需要相当一段长的时间去创造，法治思维的培育过程自然也是长期性的。

（二）当代大学生法治思维培育的意义

对于大学生法治思维的培育意义，可以从外在需要和内在需要两个维度展开论述，即培育大学生的法治思维既是建设法治国家，践行社会主义核心价值观的外在需要，又是帮助大学生形成法治人格，健康成长成才的需要。

1. 法治思维培育是践行社会主义核心价值观的需要

社会转型是一个价值更替、秩序重构、文明再生的过程，在这样一个任务繁重，各种矛盾叠加，各种利益交织的时期，寻找一种意识形态的主心骨以引领社会的发展成为迫切的需求。社会主义核心价值观看似简单，实则涵盖面广，分别从国家、社会和个人层面说明了这种向心力形成过程中所必须达到的要求。仔细分析社会主义核心价值观的内容，可以发现"法治"成为这个整体核心价值观框架中的支点。

（1）从内容上来说，"法治"和"自由、平等、公正"一起构成社会层面上的价值尺度，明确强调了践行社会主义核心价值观的"法治"要求，且其余三个本身也蕴含着法治所追求的精神，从这方面来说，法治是社会主义核心价值观的核心要素。

（2）从践行的方式来说，"法治"是必然途径。因为在这个多元利益角逐的复杂时代，要实现核心价值观的引领作用，道德的内在约束作用有时候在利益面前显得十分薄弱，只有依靠外力强制的硬性约束才能使各个层面的要求得以顺利践行，从这方面说，法治起着保驾护航的作用。

因此，法治已融入国家治理的灵魂中，可促进社会主义核心价值观的践行。大学生理应作为社会主义核心价值观的重要力量，培育大学生的法治思维，使他们形成法治方式，具备参与现代治理的能力，使他们在以后的工作中能够承担起相应的职责。这样一来，就极大程度地将核心价值观中的应然状态不断向现实靠近，人们便能实际地感受到核心价值观在社会生活中的功能释放，从而为价值观自信又增加一个重要条件。

2. 法治思维培育是国家推进法治建设的需要

现代国家必然是法治国家，必然以法治为本。国家一切事务、政务，无不以法律为根据，离开法治的轨道，就不会有现代国家。因此，中国需要法治，也正在实践法治，当下国家领导人也正带领全国人民努力通过全方位的法治化而实现国家治理的现代化。而全方位的法治化是一个整体性的概念，不仅需要法律制度层面的法治化，更需要非法律制度的法治化，即要靠法律规范的约束、法治文化的滋养、法治信仰的支撑。

法律的生命力在于实施，就算拥有再完备的法律体系如果不能得到实施，那只是一纸没有被激活的书文。建设法治中国，观念层面的锻造已迫不及待，这有赖于我们每个人自觉学法、尊法、守法、用法、信法，要做到这些归根到底离不开人们法治思维的养成，只有这样才能促进法治文化的形成。当代大学生作为未来社会建设的参与者，决定了他们是全民养成法治思维的突破口，这样一群高素质的人才养成法治思维必然会在社会发生强大的示范作用，带动其他群体法治意识、法治精神的提升，以及法治方式的养成。

3. 法治思维培育是高校加强依法治校的需要

"现代化"是一个整体性的概念，不仅包括制度体系的现代化，也包括观念、能力的现代化，并且在各个领域都有所涉及。在法治建设这块体现为实现国家治理体系和治理能力的现代化，在教育领域这块，则体现为加快建设现代大学制度，实现高等教育的现代化。而无论是实现什么样的现代化，都离不开"法治"的支撑作用，依法治国是实现国家治理体系现代化的基本方式，相应地依法治校是实现高等教育现代化的客观需要，也是推进治理体系现代化的现实诉求。

推进依法治校是适应教育发展新形势，实现教育现代化的必然要求。大学生法治思维的培育既是高等法治教育的重要任务，同时也是依法治校的重要环节，将其作为一项战略性的任务，不仅为高校管理存在的问题提供一种审视的参照物，而且也为高校的建设提供一种合理合法的路径。

具体来说，一方面，大学生法治思维的培育离不开制度的保驾护航，促使高校管理者将权力的运行自觉的纳入法治的框架中，实现高校学生管理的法治化；另一方面，在培育的过程中，大学生会有可能参与到高校的管理中去，在维护自己权益的同时起到一个监督员的作用，促使各项事务按照法治化的道路顺利进行。

4. 法治思维培育是大学生健全人格的需要

人格是现实的完整的有特色的具有感觉、情感、意志等机能的个人，并且具有自我意识和自我控制能力，是人的素质的发展状态和水平，它独立存在于自身的精神文化的维度里。健全人格则是指个人的感觉、情感、意志等因素能够随着时代的变化而做相应地改变，从而使自身素质的发展状态和水平能够适应当下社会的发展要求，在每一时期健全人格的外延都会有所不同。

当下的社会是依法治理的社会，法律已经渗透到社会治理以及人们生活的各个领域，法治成为社会发展的依托，离开了法治的指引，人们的生活将是迷茫困惑的，更不要说体会时代发展带来的一种获得感。因此，从某种意义上说，每个人不仅是"社会人"，也是"法律人"，只有具备法治人格，养成法治思维才能提升自身的法治素养，融入法治社会中去。

大学生作为高素质的群体，在遇到与法律相关的事情虽然能够凭借法律常识进行一定的识别和判断，但是由于社会阅历的不足，加上诸多诱惑因素的影响，很有可能在面临选择的时候犯错。

因此，培育大学生的法治思维，就是要设计一套系统的最优的培育模式，在"法治认知""法治情感""法治意志"环节下功夫，帮助大学生形成法治人格，具备参与法治社会建设的必备要素。

五、当代大学生法治思维培育的要求与过程

（一）当代大学生法治思维培育的要求

依法治国为建设社会主义现代化、法治化国家，为中华民族的腾飞提供了制度保障。全面推进依法治国是一项长期而重大的历史任务，要坚持立德树人，德法兼修，培养大批高素质法治人才。依法治国的实现，需要一支高素质的法律人才队伍。当代大学生不仅是普法教育的重要对象，同时还承担着建设社会主义法治国家的重担。在我国目前的教育体系中，法治教育属于思想政治教育的子系统，是培养法治国家公民、实现青年学生自由全面发展的重要环节，发挥着全面贯彻党的教育方针，落实立德树人根本任务，发展素质教

育，推进教育公平，培养德智体美全面发展的社会主义建设者和接班人的重要职责。重视大学生的法治思维培育，是全面推进依法治国、实现大学治理现代化、促进青年学生实现自由全面发展的一项重要任务。让青年学生真正懂法，会用法治思维分析问题，用法治手段解决问题，用法治原则维护权利。

1. 大学生法治思维培育应"内""外"结合

法律有效实施有赖于道德支持，道德践行也离不开法律约束。法律和道德相辅相成，从不同层面对人的行为做出约束，共同为推进国家治理现代化的发展做出贡献。考量法治和道德的相互关系，可以看出，德性思维的"内化"和法治思维的"外束"从两个维度对大学生的思维方式和行为方式发生作用，并进行有效融合。

对当代大学生来说，思想政治教育对其思想的德性内化和法治思维对其行为的外在约束相结合才能达到使自身成为一个适应大学治理现代化需要并具有法治思维能力的主体。从这个意义上说，大学治理现代化过程中大学生的法治思维形成也需要两个飞跃来实现：一是通过思想政治教育将符合社会主流意识形态的思想观念、政治观点、道德规范内化为其世界观、人生观、价值观的一部分，实现第一个飞跃；二是将内化为个人意识形态一部分的思想观念、政治观点、道德规范与明确的法律条文进行对接、梳理、融合，并在日常的学习、工作、生活实践中细化成自己的行为准则和行为习惯，法治思维形成。这是一个由内化到外化的过程，这个过程也是由量变到质变，由简单到复杂，由低级到高级，不断否定和扬弃的上升过程。

德性内化和法治思维具有统一性，德性内化是法治思维形成的前提，为法治思维提供内在的价值准则。德性内化只有在取得良好的教育效果的基础上，才能使大学生对依法治国的方针、政策产生思想认同、理论认同和情感认同。依法治国的理念才能内化为大学生的意识形态观念并指导社会实践，这是当代大学生法治思维培育的"内""外"结合。

2. 大学生法治思维培育应"公""私"结合

法律是要人们遵守成文的公共意志，通过思想政治教育促使大学生养成良好的"个体""私人"的道德素质。思想政治教育的主要内容——思想观念、政治观点、道德规范是在长期的社会发展过程中形成的，目的是用优秀的道德理念去塑造人，通过内化这些内容使大学生养成"爱岗、敬业、诚信、友善"的个人品质。

发挥道德的教化作用，必须以道德滋养法治精神、强化道德对法治文化的支撑作用。再多再好的法律，必须转化为人们内心自觉才能真正为人们所遵行。法律是结合了意志的普遍性与对象的普遍性，考虑了全体社会成员的普遍利益，法律是社会共同意志的具体化，目的是为了维护社会公共秩序和公共利益。同时，法律也是道德的物质载体，两者在本质上都存在对象的普遍性，是社会公共意志的表达。法治教育要在大学治理现代化过程中做出独特贡献，促使大学生形成法治思维，发挥法治的作用，让青年学生养成学法、懂法、遵法、守法、用法的法治思维模式。

3. 大学生法治思维培育应"刚""柔"并济

思想政治教育的职责是"化己化人"，通过对大学生"个体""私人"素质的提升，使其自觉遵守各种行为规范。

"内化"是通过说服教育来实现的，本身是一种"柔"性工作机制，不带有任何强制性，是通过春风化雨、润物无声的方式教化人，是一种"软约束"，体现在引导力上。

思想政治教育的"柔"性价值理念是其法治思维的价值基础。而法治则是控制人行为的外在约束工具，是思想、政治、道德外化的行为枷锁。每个人都有自由生活的权利，却必须带着法律这个枷锁活动，一旦试图触犯它，必将受到严厉的惩罚。

法是"刚"性的制度，是一种"硬约束"，体现在控制力上。在如今的时代背景下，大学治理现代化过程中面临的任务前所未有、矛盾风险挑战也前所未有，经济基础影响意识形态，大学治理理念随着经济的发展不断发展变化，旧的思想观念、政治观点、道德规范正在消解，新的思想观念、政治观点、道德规范尚在形成之中，此时法治思维的重要性更加突出。

法治思维的确立，要通过树立榜样的力量与彰显人格的魅力，影响全体大学生的社会责任感和政治参与度，进一步推进大学治理现代化，服从并服务于青年学生自由全面发展的育人目标，完善和发展中国特色社会主义制度、推进国家治理体系和治理能力现代化的需要。

4. 大学生法治思维培育应"德""法"并行

"德""法"并行的思想历史悠久，强调道德和法律各有自己的局限性，只有"德""法"并举才能达到治理国家的效果。因此，法治思维培育并非重"法"轻"德"，更不是重"法"弃"德"，而应该"德""法"并行。

"法"是具体可感的形式，有严格、明确的界定，规定最低的行为准则。"道德"是历史文化和地域传统的凝结，是一种看不见的隐性标准，是一种高层次的行为准则要求，是人们对自身行为进行约束的内在法律，因此道德是内化于心的规则。维护社会正常秩序需要道德与法治共同发挥作用，缺一不可，不可替代。两者相互补充，在意识形态中共同发挥规范社会行为、调节社会关系、促进社会和谐的作用。国家和社会治理需要法律和道德共同发挥作用。"德""法"并行才能共同推进当代大学生的法治思维培育。

5. 大学生法治思维培育应"大""小"相继

法治思维的培育需要有大的法治生态环境，也要有小的法治文化氛围，"大""小"相继才能形成依法治国、依法执政、依法行政共同推进，坚持法治国家、法治政府、法治社会一体建设的局面。法治思维的培育离不开"大"的社会环境，依法治国体系的建设为法治思维培育提供良好的生态发展空间，全社会日益浓厚的法治文化氛围，形成了法治思维培育的土壤，对大学生来说要不断加强法律专业知识的学习，不断提高专业素养，具备职业化、专业化技能，不断提高自己的法治思维水平。

依法治国落实到高等教育领域，就是要实现依法治校，实现大学治理现代化，在校园内营造"小"的法治文化氛围。以法治思维和法治方式推进教育综合改革，加快构建政府依法行政、学校依法办学、教师依法执教、社会依法支持和参与教育治理的教育发展新格局，全面推进教育治理体系和治理能力现代化。加强法治化建设高校要率先在规章制度建设、合法权益保障等方面做出表率，营造法治文化氛围浓厚的"小"环境。高校在深化教育改革的各个层面都与法治化相关，在处理和解决问题时，法治思维的运用能够有效地减少和避免校园内各个利益主体——学校、教师、学生的合法权益受到侵害，促使大学治理能够步入法治化的轨道。

从"大"处考量，依法治国的战略布局为大学生法治思维培育提供了宏大的叙事背景；从"小"处着眼，大学治理现代化既为大学生法治思维培育营造了阐释空间，又为大学生法治思维的提升做出了贡献。

6. 大学生法治思维培育应"新""旧"并行

要提高法治思维的培育效果，必须不断汲取新的法治知识，同时改进传统的法治教育模式。优秀的传统文化，是中华民族伟大复兴的文化基石，历久弥新，虽然"旧"，仍然需要保持和发扬，这是法治思维培育中不能放弃的"文化基因"，道德体系是法治思维的道德文化基础。社会主义法治体系的调整和完善，为法治思维培育的知识体系不断注入新的内容和元素。信息化时代的发展、多元文化的冲击，需要进一步加强和弘扬"旧"的优秀传统文化，巩固道德文化基础，又要不断扩充和吸纳"新"的法治文化元素，以推动依法治国的进程。法治思维培育能够有效引导大学生认识社会主义法治国家建设的意义，促使他们形成遵法、守法、用法的法治思维。

在法治思维培育方法上，同样存在"新"与"旧"的融合，既要坚持"旧"的传统课堂教学模式，又要适应时代需求，不断发掘"新"的教育载体和教育方法。课堂教学是对大学生进行法治思维培育的主要阵地，具有交流便捷、集中学习、信息传递量大等优势，但也存在着教学实践延展性差和学生参与率低的问题，导致法治教育实际效果不佳。法治思维培育应在明确自身定位的前提下，紧随时代发展，一方面要固守课堂这个思想政治教育的主阵地，完善法治教育的顶层设计、优化法治教学内容、改进教学方法，提升法治思维培育的教学效果；另一方面要积极运用微博、微信、手机 App 等网络新媒体平台，扩展法治思维培育课堂，让多媒体技术成为传播法治知识的新载体，通过音频、视频等有利于网络传播的形式，增强学生对法治教育资源的直观感受，提高大学生法治知识学习的主动性和积极性，从而实现提高全民族法治素养和道德素质的目标。

（二）当代大学生法治思维培育的过程

培育的意思是使某种事物经过一定的时间和训练得以成长，所以就培育本身来说是一个长期性、渐进式的过程，有"育"但更着重在"养"，有表层的"知"，也有深层次的情感和信仰。总的说来，大学生法治思维的培育过程即包括教育的过程和养成的过程，这两个过程不是相互独立的，而是彼此相互依存同时进行的，具有内在的递进逻辑性，前者是后者的基础，后者是前者的催化剂。

1. 教育的过程

"教育的过程"主要是针对大学生法治认知的培育而言的。如果把法治思维形象地比作是一个"框"，那么"法治认知"就是这个"框"的基石，框架牢不牢固，变不变形就依赖于认知丰富不丰富。

从认识论的角度来说，知识越丰富，主体所具备的概念体系越复杂和完善，相应地在此基础上建立起来的思维方式也就越复杂和完整，任何思维方式都必须以一定的知识作为其出发点和基本要素。因此，法治认知是大学生法治思维形成的前提条件，不能自发的形成，必须经过系统的有组织的培育，这一过程就是教育的过程。

教育主要是指教育者根据大学生法治认知的特点以及标准，有目的、有计划、有组织地设计培育方案，让大学生不仅能够把抽象的法律条文内化为自己解决矛盾的武器，而且还能从源头上了解我国法律制定和实施的过程，深刻认识到我国社会主义法律的性质，找到信任法律的理由。这一过程的实施主体主要是教育工作者，实施的方法和内容一般为显性的，实施的时间主要贯穿于大学生接受正规教育的全过程，实施的空间主要以学校为主，政府和家庭为辅。

2. 养成的过程

"养成的过程"主要是针对大学生法治情感、法治意志以及法治信仰等深层次的培育体系而言的。通过系统的教育使大学生获得一定的法治认知，但大学生法治思维的养成绝不仅此层次。

一方面，思维形成的过程就是对客观事物能动的反应过程，在这一过程中，人作为对象性的、感性的存在物、是一个受动的存在物，并不是被动消极地将客观信息储存在大脑中，而是不由自主地根据自己的需求、经验、认知结构对客观事物带有某种选择的倾向性，表现为鲜明的情感色彩，而情感是认知的催化剂，情感的正负则决定了认识主体对客体的接受程度。

另一方面，法治思维的真正形成，虽然与法律知识性的元素紧密相关，但又绝不仅仅以社会成员大脑中法律知识的增量为主要基础，比法律知识增量更加重要的是人们内心对于法治的确信和信仰，这是培育法治思维的真正意义所在。

"养成的过程"主要是通过营造良好的法治氛围、优化法治宣传教育方式以及提供多种形式的法治实践平台等手段，促使大学生能够在实践中将自身的法治认知与现实"对上号"，在良好的法治环境中感受法治的魅力，增强对法治的良性情感。因此，"养成的过程"并不像"教育的过程"那样具备系统性和计划性，在实施主体和内容上没有统一性的规划，实施方法上主要是以隐性为主，强调熏陶的作用，实施的时间贯穿大学生的一生，实施的空间不仅局限于学校。所以"养成的过程"不是即时性的，是长期性的，渗透在大学生生活环境的点点滴滴。

第二节　当代大学生法治思维培育的目标与原则

具备法治思维是当代大学生法治素质提升，成为法治社会合格公民的重要体现。大学生的法治思维培育是关系社会主义法治国家建设成败的大事。广泛开展大学生的法治思维培育，是我国法治建设处于新的历史时期的新要求，对于一个社会来讲，法治能否取得成功，直接依赖于社会的公共决策者和广大公民是否普遍接受与法治理念相适应的思维方式——法治思维。因此，提升当代大学生的法治思维，能够促进国家法治现代化建设的发展进程。明确大学生法治思维培育的目标与原则，能够提升法治教育效果，更好地提升大学生的法治思维水平。

一、当代大学生法治思维培育的目标

随着国家现代化建设的不断推进，法治的重要性日益凸显，人民生活水平的提高和社会的发展进步都迫切需要大批具备法治思维、能用法治方式管理社会和解决问题的法治人才。法治教育的重要目标是，人们尊重和遵守法律，并非仅仅出于对利益或得失的权衡，也并非仅仅思考法律制度能为我们提供怎样的权利保护或危害惩罚，而是在法律的作用下整个社会能够呈现良好的秩序和良善的生活。

当今中国正处于全面深化改革的深水区和全面建设小康社会的攻坚期，民主与法治是实现国家治理现代化的公共治理原则，良法善治是法治社会的建设目标。而这一切都离不开法治思维的提升，高校承担着为法治国家建设培养人才的重担，法治思维培育的目标应基于法治思维的构成要素，对大学生进行法治思维培育，就是使大学生具备自觉守法、遇事找法、解决问题靠法的理念，形成按照规则行事的思维习惯，并把这些规则内化为心中的行为准则，从而形成独立的法治人格。使每一个独立的个体在社会生活中都能自觉地成为规范的遵守者、责任的承担者。这样，大学生能成为有独特的个性和稳定的行为模式的法治主体。

（一）树立自觉守法的理念

用法治的思维分析、观察和解决社会问题，已成为社会存在必不可少的视角，法治思维作为现代多元思维的核心之一，其重要地位不言而喻。法治思维培育的目标是培养人们自觉守法的意识，成为遵纪守法的合格公民。自觉守法以"知""情"为基础，要求人们知法懂法，具备法治情感。自觉守法是法治建设的理想状态，也是社会主义法治建设追求的目标。法治如果不能为人所遵守，就失去了存在的意义。守法是人的一种精神活动，如果单靠强制力量来实施，并不符合法治的核心要义。对大学生的法治思维培育要充分发挥他们的主观能动性，使青年学生主动地学习并掌握一定的法律基础知识，形成对社会主义法治的认同和信任，能够积极地学习法律、自觉地遵守法律、坚定地维护法律的尊严，才能最终达到法治社会的理想境界。

法律被自觉遵守的前提是法律本身必须是良法，也就是说良法是守法的基础。我国实施依法治国后，取得了令世人瞩目的成就，各项法律法规从无到有，从有到优，国家的法治建设发生了历史性的巨变。法治建设取得的成就说明，我们国家已经拥有一整套适用于中国特色社会主义国家发展需要的"良法"，已经具备了自觉守法的前提和基础，只有有法可依，通过有力的法治思维培育，使青少年具备丰厚的法律知识储备，拥有对社会主义法治价值观的深刻认同，才有可能实现自觉守法。

有法可依并不意味着法律一定被遵守，还需要做到有法必依，自觉遵守法律才是实现法治的关键。拥有法治信仰会对法治社会充满憧憬，并愿意身体力行，用自身的行动去推动法治社会的建设。只有经过法治思维培育之后，人们具备了自觉守法的精神，对法治认同和忠诚，对法治产生信任之情，法治社会的理想才能实现。公民具有自觉守法的意识才是法治思维培育想要达成的目标。但是再完善的法治，要为全体社会成员所接受，不经过培育也不可能实现。

对大学生进法治思维培育，使之习得法律知识并自觉遵守法律，知晓法律的权利和义务，可行与禁止；还要让大学生明白法律是个人行为的准则，更要明白法律是需要全体社会成员共同遵守的社会规则，违反法律就会受到相应的强制性处罚，这是法律的强制性特点。国家的宪法和法律是不可逾越的"红线"，任何个人，包括国家机关和国家权力，都要在法治的框架内行走，不能越雷池半步。法治思维培育的职责是引导大学生树立自觉守法的理念，自觉维护宪法和法律的尊严。宪法和法律不但限制个人的行为，同时对政府的公权力也会加以约束，不管是个人还是国家都要依据法律行事，符合法律规范。可见，法律的存在不但是对个人行为的规范，也包括对权利的约束。

引导大学生树立法治思维，要引导大学生尊重宪法的权威。宪法是国家的根本大法，是一切组织和个人的根本活动准则。从法治思维的构成要素来看，大学生要率先掌握宪法的基本知识，明确宪法在法律体系中的核心地位，是其他法律制定的根本依据，具有最高的法律效力和权威性。尊重宪法的权威，在实际行动中要以宪法为指引。大学生作为国家未来的栋梁，要积极主动地学习宪法和相关知识，明确公民的职责，教育青少年依据宪法、法律行使权利并承担义务，用法律规范自己的行为。宪法对公民的基本权利和义务给出了明确规定，教育青少年学生在行使权利时要处处以法律为依据，不无限扩大自己的权利，同时要具有自觉履行法律规定的各项义务的意识。

对社会主义法治价值观的情感认同，是大学生的法治思维的心理基础。对大学生的法治思维培育要"入心入脑"，要培育大学生自觉遵法的意识，关键在于培养他们对社会主义法治价值观的认同之情。要通过法治思维培育，在大学生的内心构筑起对法治的忠诚和信任，所有法律制度都不仅要求我们在理智上承认社会所倡导的合法美德，而且要求我们以我们的全部生命献身于它们。对法治的信仰和忠诚，不应因法律本身的好坏而改变，坏的法律也优于没有法律；也不应因执法过程中出现的有法不依、执法不严，甚至执法的偏差而动摇。在法治思维培育过程中使大学生对法治的情感能够在实际生活中践行，才能养成自觉守法的习惯。

（二）具备遇事找法的意识

法治思维是一种价值思维方式，奉行"法律至上"的原则，对大学生的法治思维培育，就是要他们养成"法律至上"的习惯，形成对法律的遵从和敬畏。法治只有在被信仰的时，才可能成为解决问题的优先选择方式，遇事找法的意识才可能形成。对法治的信仰是一种源自内心的情感，是对法治的神圣崇拜和情感依恋。遇到问题时先想到求助于法律，将法律的准则和手段作为处理问题时首要和唯一的选择。

遇事要找法，办事要依法，不只是对领导干部的要求，是法治社会对每一个社会成员的要求。社会主义法治观念要求大学生在处理实际问题时要树立"法治优先"原则，要有高度的法治自觉性，处理问题时要依据法治原则、遵守法治程序，也就是要有"遇事找法"的意识。大学生要对我国的法治理论、法治道路和法律制度耳熟能详，还要尊重并认同我国的法治体制。

高校法治思维培育的任务就是帮助大学生增强社会主义法治观念，首要任务就是增强大学生走中国特色社会主义法治道路的自信与自觉，同时引导他们通过合法途径正确处理参与国家和社会法治生活中的各种问题。法治思维培育的目的在于应用，对大学生来说，法治思维不但是一种价值思维，还是一种导向思维，遇事找法的意识不但体现在宪法和法律的应用与实施中，也体现在全体社会成员包括大学生在内的每一个人，在社会法治生活的每一个环节中。"遇事找法"就是在做任何事情时，先考虑合不合法，也就是在实际工作中要运用法治思维。"遇事找法"要求大学生具备的法治思维既具有丰富性，又具有开放性。这种丰富与开放以法治自信为基础，它来自丰厚的法治知识储备和对法治规范的认同。因此，法治思维培育进课堂，最终是为了进大学生头脑，只有具备一定的法治知识，形成"遇事找法"的意识才能水到渠成。

教育和引导大学生形成遇事找法的意识是法治思维培育的目标。法律的权威源自人民的内心拥护和真诚信仰。法治信仰是法治思维的构成要素之一，是大学生法治思维培育的信念基础。树立法治信仰，并使大学生的法治信仰能够在实践中得到印证，遇事找法的原则才能在现实生活中得到应用。

社会主义法治意识，同样是法治思维的要素之一。高校要培养大学生树立法治意识，养成主动学习法律的积极性，进而懂得遵法和守法，遇到问题能立刻做出正确反应，用法治思维进行分析判断，知道用法律来解决问题。对于大学生来说，要逐步养成"遇事找法"的办事习惯，不断提高法治责任感和政治参与度。"遇事找法"的意识，体现为在实际生活和工作中人们自觉地依据法治原则、按照法律规则思考问题，并依据法治程序处理问题。

高校法治思维培育的着力点是使大学生拥有依法约束自己行为的能力，能根据自己所学所会的法律知识预知自己行为的后果，以避免违法以及犯罪行为的发生，也就是形成遇事找法、行事依法的法治思维能力。

从实际情况来看，大学生正处于世界观、人生观和价值观形成的关键时期，虽然接受了法治思维的培育，但还没有形成稳定的法治价值观，在日常事务中运用法治思维、法治方式的能力还比较弱，还没有完全具备"遇事找法"的意识。法治思维培育以权利和义务为核心内容，遇事找法的意识也应以权利和义务教育为主线。提高法治思维培育的有效性和针对性，就要使大学生形成权利和义务相统一的观念。

遇事找法的意识包含两层内容：一是对法律的认可，将法律作为处理社会事务和国家事务的首要依据，并将法律作为自己的行为准则。大学生作为法律主体，既要依法行使自身权利，维护自己的合法利益，同时又要依法履行法定义务。关键是在大学生的实际生活中，要明确自己及他人的法定权利和义务，在维护自身的权利时不损害他人的权利，并且能主动履行法定义务，时刻将法律置于首位。二是对法律的践行，大学生不但要让自己的言行符合法律规范，在处理个人与他人、个人与社会、个人与国家的问题时也要依据法律，在法治的范围内行事。

（三）养成解决问题靠法的习惯

法治思维起于"知"，终于"行"，最终的落脚点在于"行"，即法治实践，对大学生来说就是要养成解决问题靠法的习惯。社会生活中时时有问题，处处有问题，社会也在分析问题和解决问题中不断前进，正确地看待问题存在的意义和价值，抓住主要矛盾，解决主要问题，社会发展才可能"更上一层楼"。法治作为最有效的处理社会问题的方式，已经经过了历史的检验。在社会主义法治建设中，要运用法治思维和法治方式来处理问题和解决问题，才能使法治的权威性得到彰显。在处理社会问题的过程中，要遵循法治原则和法治程序，做到依法办事，才能维护社会的公平正义，构建和谐社会。

法治体系的存在为解决社会问题提供了强大的制度保障。目前我国的社会主义法治体系已经基本确立，但这并不意味着我们的国家已经达到高度法治化的水平。法治体系的形成只是实现了依法治国的阶段性目标，社会的制度化、法治化还有很长的路要走，不管是领导干部、政府工作人员，还是包括大学生在内的社会公民，在面对问题时还要养成解决问题靠法的习惯，以革除实际工作中人治的弊端。

要解决当前社会中存在的大量社会问题，迫切需要加强法治思维培育，提高法治方式的运用能力，转变过去个别"以权代法""以情代法"甚至"以钱代法"的人治思维模式，改变"有法不依""有法难依"的状况，学会运用法治手段解决问题。大学生作为一个受教育程度较高的群体，其法治思维状况也不容乐观，由于法治教育不到位，大学生用法治解决问题的能力不足，也导致大学生群体的犯罪率有上升的趋势。因此，对大学生进行法治思维培育不仅是必要的而且是必须的。要让大学生树立法治思维，每个社会个体都必须严格依法办事，个人的权利要在宪法和法律允许的范围内行使。解决问题也要以法律为准则，既维护自身的合法权益，又不损害他人利益，更不能违背法律原则。

法治思维培育要坚持把教育引导和实践能力相结合，使大学生将法治思维内植于心并外践于行。通过法治思维培育，大学生应自觉形成和树立法治意识，成为具备法治理念，法治素养，法治信仰，法治自信的社会主义法治国家建设的主力军。此外，还要为大学生提供法治应用和法治实习的机会，让大学生在实践中形成用法律处理和解决问题的定性思维习惯，提高法治思维培育的效果。不但解决问题要用法治方式，排查问题也要用法治手段，才能真正有效的化解社会矛盾，营造和谐社会。高校对大学生进行的法治思维培育是一个法治精神培育的过程，一个法治价值观养成的过程，一个法治共识凝结的过程。从这个过程来看，高校目前已经形成一套完整的教育模式，但要把法治教育的内容与社会实际相结合，将法律至上的原则与实际解决问题的方法相对接，还在于让大学生养成法治思维，形成解决问题靠法的习惯，而这还将是一个很长的教育过程。

二、当代大学生法治思维培育的原则

法治体现了历史的进步，是经过历史积淀的人类文明成果。法治国家建设需要全新的思维模式指导，这就是"法治思维"。法治思维是当前中国特色社会主义法治国家主流的意识形态，是以法治为核心的思维方式。对大学生进行法治思维培育，要彰显法治思维培育的原则，顺应法治发展的时代要求。根据党提出的依法治国方略和社会主义法治国家的建设目标，社会主义法治思维培育应当明确以下原则：

（一）明确法治优先原则

法治道路是国家建设唯一的正确道路，作为大学生对此要有明确的认知。法律不只是纸上的条文，只有成为生活中的最高行为准则才有存在的意义。法律是否具有权威性，是检验法治社会的标尺。要实现国家治理现代化，必须确立法治至高无上的地位，明确法治优先的原则。

法治是国家治理优先选择和唯一正确的方式。认识到法治在国家现代化建设中的重要作用，才能从我国的国情出发，确立依法治国和建设社会主义法治国家的目标。法治优先原则的确立源自对国家发展规律的认识和对治理方式的深刻理解，也离不开社会精英的智力支持，更需要全体社会成员凝聚共识，身体力行。人始终是法治建设的主体，如果在当今以变革为主旋律的现代化社会中，法治社会主体，特别是将来承担建设法治社会重任的大学生的知识储备和法治思维如果不足以胜任国家治理现代化的需要，那么法治中国的建设最终也会成为难以实现的梦想。总之，法治建设是一个政治制度与文化传统交织的复杂社会变化过程，特别是中国这样一个具有独特历史文化的国家，任何现有的国家治理模式都不能给中国的法治建设提供完全可以复制或模仿的蓝本，需要我们在实践中不断摸索和改进，寻找适合我国国情的法治化建设道路。

社会主义市场经济的发展也要以法治为保障。经济的发展需要稳定的政治环境，但政治的发展更是一个复杂程，法治建设是政治发展中关键的组成部分，需要在政治理想和社会现实之间找到结合点，寻找一条切实可行的发展之路。我国的改革开放经过四十多年的发展历程，取得了世界瞩目的成就，市场经济的发展已经完全融入经济全球化的大潮。目前我国的经济发展充满活力，但改革发展正处于深水区，也给国家治理带来巨大挑战，在这个发展的关键期更离不开法治的规范作用。从社会主义现代化建设来看，不管是为了保障深化改革的顺利进行，还是促进市场经济的持续健康发展和维护社会的和谐稳定，在人民中进行法治思维培育，推进社会主义法治建设都是当前的首要任务。

在社会治理中，也要贯彻法治优先的原则。在社会生活中需要法律的规范和引导，因此在社会治理中，同样要贯彻法治优先的原则。法治优先即崇尚法治之治，在管理社会事务中，法律拥有至高无上的地位，要强调法治的权威，法律是面向所有社会成员和组织的行为规则，任何人、任何事都不能脱离法律的约束。在社会治理中，必须坚持有法必依，这是贯彻法治优先原则的关键。有法不依，法治就形同虚设，法治的作用就无法发挥，就与依法治国的道路背道而驰。有法不依会损害法治的权威，甚至破坏法治的根基。因此特别强调领导干部要具备法治思维，要按照法治方式办事，率先树立遵法守法的榜样。

法治优先原则指导下的行政行为以法治为遵循，即行政行为法治化，每一个行政主体在处理社会问题时，都要像司法那样严格以法律为指导，这样裁定的行政结果必然符合法治的规范。

法治优先原则也是个人的行为信条。法律只有被信仰，纸上的法律条文才能成为生活中的行为准则，大学生尤其要率先树立法治信仰。"守法"的前提是"懂法"，而"懂法"的关键还在于法治教育，因此，对法治的遵守最终还要落脚于对人的法治思维培育上，通过教育让人们明确法治优先的原则，特别是对当代大学生来说，更要在行动中明确法治优先原则，用法治指导自己的行为，用法治思维处理问题，用法律途径表达自己的利益诉求。

（二）重视良法之治原则

良法是善治的前提，大学生是法治社会建设的后备军，终将承担法治建设的重任，因此要对大学生进行法治思维培育，也必须明白良法之治的意义。

1. 良法应遵循公平正义

法律的存在就是为了维护公平正义，这是法律的应有之义。法律是为了维护正义，为人民谋福祉，为公共谋幸福。制定良好的法律，必须以公平正义为中心，建立在维护人民权益的基础上，能够促进人的全面发展，能够促进社会的和谐稳定与国家的繁荣昌盛。进行社会主义法治建设，不仅要实现社会日益增长的物质文化发展目标，也要实现社会的公平正义目标，这是中国特色社会主义良法之治的目标。良法之治，强调国家治理的法治化、政府行政的法治化、职员办事的法治化和社会公民参政议政的法治化，以保障社会的稳定和谐发展。

2. 良法应维护人民权益

在社会主义法治下，人民享有更广泛的民主权力。坚持以人民为中心，是"良法"的基础，人权得到切实保障，产权得到有效保护，让人民能够共享改革的成果，过上安居乐业的生活。

良法之治将提高社会公民参与国家事务的积极性，提高公民的政治参与度，利用各种渠道维护公民的合法权益，最大限度实现社会的公平正义。当代大学生应当树立社会主义的法治理念，明确社会主义法治作为良法之治，其根本就是为了实现好、维护好、发展好最广大人民根本利益。

3. 良法应坚守共同价值

良法应体现良善的价值观，这是良法的基本要义。法治价值观是决定法治体系是否是良法之治的关键。除了人民主体和公平正义之外，中国特色社会主义法治还涵盖了人类社会的共同价值。良法是实现国家治理现代化的基础要件，应以人民的共同利益为出发点，应该体现人民共同的价值观。良法应符合道德准则，遵循人们对于正义、公平、道德、尊严、正当程序及个人权利的价值追求。良法之治的目的就在于为个人尊严和个人发展创造条件，不但要承认和维护公民的各项权利，还要为实现个人的全面发展创造各种条件。

4. 制定良好的法律应该得到有效的实施

法律只有得以实施，国家机关依法办事、公正司法，社会重法尊法，全民守法，法治的精神和价值才能实现，才能给人民带来幸福和安宁。良法是善治的前提，还要积极营造能够使法律得到有效实施的环境和机制，以保证法治建设的目标得以实现。法治实施是法治建设的落脚点，法治实施的措施多种多样，加强法治思维培育，提高公民的法治意识，树立规则意识，加强国家机关的行政执法能力，都是促进法治实施的有效举措。良法得以实施，才能实现善治。对大学生加强法治思维培育，提高其运用法治方式解决问题和化解矛盾的能力，才能促进良法的有效实施。大学生身处改革的时代洪流，要不断提高自身的法治思维水平，不断推动法治建设的发展，实现国家的"善治"目标。

（三）贯彻依法办事原则

依法办事有两方面的意义：第一，有法可依；第二，有法必依。依法办事是法治建设成败的关键，有法可依只是具备了法治实现的可能，有法必依才是法治存在的意义。

让大学生在行动中贯彻依法办事的原则，先要明确依法办事的主体，不仅包括具有执法资格的行政机关及其工作人员，还应包括全体社会公民。对于行政机关及政府工作人员来说，他们作为执法的主体，必须忠诚于宪法和法律，在行动中严格贯彻依法行事的原则，加强依法行事的执法理念，在行动中自觉地践行法治原则。行政机关依法办事、严格执法，不仅是对自身职责的履行，还是一个向全社会传递法治理念的过程。

大学生作为社会公民在依法办事原则中是一个双向主体，一方面公民作为遵法守法的主体，在自身的行动中要做到依法办事，是法治参与的主体；另一方面，在具体的法治实施中，依法办事还应成为公民自觉的一种主体行为。

依法办事原则实质上体现了对权力的约束和规范，法治方式的核心在于法治主体能否做到依法行事，法治主体在行使权力时必须以法律为准绳，这就要求公权力的行使要合法，法治思维的核心就是要用法律限制公权力滥用，同时保障私权利的实现。因此，要依法设置行政机关、依法取得行政权力、依法确定行政程序、依法做出行政行为、依法承担行政责任，行事要符合"法无授权即禁止"的原则。同时在行使法治权力时要确保公正执法，排除法律之外因素的干扰，践行依法办事，严格执法。

对于普通社会公民而言，依法办事并非"事不关己"，每个公民都是依法办事的主体，要通过法治思维培育不断提升公民的法治意识，提高依法办事的自觉和能力。法治社会的建设必须培养公民的遵法、守法、用法的理念。法律法规不仅仅是政府机关行使管理职能的工具，没有被全体社会成员所接受，不能成为个人规范自身行为的准则，法律的功能就不能得到正常发挥，就不可能建成法治社会。

法治意识必须深入人心，要全方位的进行法治宣传教育，在多个领域的社会治理中践行法治原则，弘扬法治精神，建设法治文化，在全社会形成用法治思维和法治方式处理问题、化解矛盾的能力，让全体公民具备依法办事的意识。依法办事是从法治的角度对社会问题进行把握和处理的方式，是在对法治进行理性分析和认识基础上产生的一种认知体验，体现了对法治的认同感和遵从感，是对法治的理性认识的升华。依法办事是对现代法治观念的践行，只有形成全民守法的社会风气，才能形成公正、有序、和谐的社会，才能凝聚全体人民的力量，调动每个人追梦的积极性，实现国家富强、民族振兴和人民幸福的中国梦。

第三节　当代大学生法治思维培育的主要内容

与道德思维重视伦理、政治思维强调权威、经济思维看重经济效益不同，法治思维有其自身的内容指向，并且在不同问题上的运用会有不同的标准。大学生对于法治思维培育内容的选取上不必要面面俱到，否则会适得其反。"大学生法治思维应是一种合法性思维，体现公平正义的思维，它要求以权利义务为中心，强调要有程序意识。"①

一、合法性思维

不同的思维方式，在国家的治理过程中发挥着不同的作用。政治思维的重心在于利与弊的权衡，经济思维的重心在于成本与效益的比较，道德思维的重心在于善与恶的评价，而法治思维的重心则在于合法与非法的预判。作为法治思维的基底要素，合法性是新时代大学生运用法律来看待相关社会事件的时候，发挥着是非评判的基本标准之一。

---

① 蔡晓卫. 论高校大学生法治思维的养成［J］. 中国高教研究，2014（03）：76-79.

在依法治国的大背景下，强调法治思维并不是否认其他思维存在的合理性，只是在高度法律化的今天，法治思维无疑成为我们分析处理问题的优先选项。法律作为一种基本的社会规范，具有"指引""预测""评价""教育""强制"等重要作用，而无论哪一种作用，都将"合法与违法"作为评判前提以对人的行为产生影响而发挥作用。

合法与违法是从法律的角度来判断主体的行为，合法的行为是与法律固有特性相一致的行为，是受到法律保护的行为；违法行为是与法律规范背道而驰的行为，是受到法律制裁的行为。即法律通过明确的规范指引人们知道什么是合法的，什么是违法的；通过对某种行为做出肯定否定的判断以及评价，使人们知道法律崇尚什么，禁止什么，从而将自己的行为锁定在预测的范围内行使；通过宣传教育以及强制力保证合法行为得以实施，违法行为得以禁止，促使人们知法不违法。

大学生虽然有一定的判断和评价能力，但是由于法治意识薄弱，法律功底不强，往往在涉法问题上吃亏。所以，培育大学生的法治思维，就是要帮助大学生能够独立地按照宪法和法律的基本价值，基本内容以及基本程序进行合法性的判断，以"合法性"作为首先的评判标尺，审视自身的行为是合法的还是违法的，从而能够树立法律至上的理念，自觉守法。

二、公平正义思维

法治与其他调节方式相比，其最大的优越性在于以其强制力和完整的规则体系，更好地统筹社会力量、平衡社会利益、调节社会关系、规范社会行为，使我国社会在深刻变革中既生机勃勃又井然有序。公正是法治的生命力，从结构上可以分为"公平"和"正义"二词，法律的制定到法律的实施都要以公正为标尺，切实保障人民获得有一种公平感和均衡感，让人民得到一种精神上的尊重以及实际性的公正对待。法律面前人人平等，这是法律的基本准则。法治选择了平等就意味着选择了公平公正的价值追求，公平正义的法治价值追求正是社会进步的体现和时代进步的彰显。公平正义作为一种价值追求，它是化解社会冲突的"调节器"。公平公正是法治源源不断的生命力所在，大学生法治思维培育的核心内容就是提升大学生内心对公平正义的价值向往和不懈追求。

公平正义作为我国社会主义核心价值观的基本内涵和全面依法治国的新时代要求，要求当代大学生要能尊重他人权利、追求和争取合法权利，自觉履行法定义务，揭发检举身边不公正、不公平的行为，胸怀天下，具有强烈的社会责任感，以维护和实现社会的公平正义为己任。

大学生法治思维的养成可不仅仅是学会判断合法与非法，清楚自己的权利与义务，这些都只是停留在认知判断的层面，大学生只有将追求公平正义作为自身的理想，才能够承担起维护法治权威的责任，勇于同不公不正义的行为做斗争，发挥自己的辐射作用，共同营造公平正义的良好氛围。

三、权利义务思维

法治思维以合法性为基准，是人们审视自身行为"合法与违法"的明镜。从某种程度上说，这是一种底线思维，即要求把自己的一切行为，无论是考虑还是做出决策，都要求放到法律所规划的线性范围内进行，不能突破法律的底线。然而，权利与义务的问题是人们在生活中遇到频率最高的现实问题，显然仅靠合法性思维尚不能解决权利与义务关系之下衍生的复杂问题。

权利与义务相统一是社会自由的基本前提，也是法治思维的主要线索。在整个法律活动中，对权利与义务的探寻贯穿于整个过程。权利的无限扩张或者权利与义务的不对等，必然造成对他人自由的侵犯和亵渎。权利和义务的相辅相成，是我国宪法的基本内容。所有的社会公民，都必须在享有个人权利的同时承担相应的义务。

作为当代的大学生，其法律素质如何，能否正确地认识权利与义务，关系着社会的重大发展。过去传统的学校法制教育较为重视向学生灌输公民的义务，相对于权利意识而言强调得较少。近年来，随着法治建设的不断推进，大学生的法治意识也有较大提升。当代大学生开始意识到自己不仅是义务的履行者，同时，他们也是权利的享有者。权利义务相统一的法治意识是强调社会主体具有对自身正当权利的掌握和理解，也能坚决捍卫和主张自己的法定权利，同时也能认识到义务的履行是权利实现的保障，积极履行自身法定义务。因此，大学生法治思维培育的线索内容就是要引导大学生要客观审视自我和他人的权利，在充分的理性思考基础上来履行相应的权利与义务。

四、程序规则思维

无规矩不成方圆，有人际交往所在就需要规则，规则和程序是法治的必然要求。公平正义属于法治的精神内核，理应把追求公正视为建设法治中国的首要目标，要使公平正义得到最大限度的实现，则必须保证有关一切生产生活行为的正当性，而这种正当性就需要合法程序来保障。程序，简单而言，就是行为发生的一个过程、步骤、方式以及先后顺序，如果不遵循这样的过程，随意调换顺序，那么即使行为主体的行为本身是符合法律规范要求的，也算是不合法的。因此，程序被称为看得见的正义，就是指在社会生活中，程序的运行会始终遵循法律面前人人平等的宗旨，力求将一切不利于实现公正的法外因素排除在外，消除制度运行中的不确定性。

社会的和谐稳定和国家的长治久安都需要讲规则、讲程序。通俗讲，规则和程序是指社会公民在工作和生活中必须受到各种法律法规、规章纪律等准则的约束，这些规则和程序是在社会在不断发展中，在人们长期的社会实践过程中，对一些行为方式所取得的共识。

程序规则思维是现代法治精神因素的表现和要点。当权利人的行为和主张符合实体法，但如果没有依照法定程序，其结果或者主张同样不合法，即违反程序同样不合法。程序思维的本质就是为了防止权利滥用。从法律面前人人平等的角度来看，只有按法定规则来解决问题，才能维护法治活动参与者的平等和宪法法律的权威。制度正义是保障个人权利得以主张的制度性保障，而程序正义实现制度正义的最关键部分。

一些大学生在碰到问题时候，第一反应要通过找关系等无视程序规则的意识和行为，深刻反映了在当代社会中推进法治建设的威胁和隐患。因此，在新时代中要推进大学生法治思维的形成，要积极培育大学生的程序规则思维，引导大学生明晰程序是法治思维形成的关键，是法律规定的法律行为方式和过程，具有重要独立价值与工具价值。

基于此，大学生法治思维的基本内容应该包含合法性思维、公平正义思维、权利与义务相统一思维、程序规则思维。合法性思维是指大学生群体在处理相关社会问题时，应依据法律规章进行行为合法与否的预判，将法律作为判断与评价行为正确与否的基本标准；公平正义思维是指大学生在处理相关社会问题时应当主动积极争取权利，自主自觉履行相关义务，主动承担社会责任，敢于向各种不法"潜规则"行为做斗争；权利与义务相统一的思维是指大学生在处理相关社会问题时，以权利和义务为主要线索贯穿于整个法律活动过程；程序思维是指大学生在处理相关社会问题的时候能够按照宪法、法律、规则等规定的程序办事。

这四个内容相互渗透，相辅相成，贯穿于整个法治思维过程。合法与非法的预判是行动前的前提，公平正义是行动中价值追求，权利与义务的统一是贯穿整个行动的线索，程序规则是行动实现的条件保障。

第六章 当代大学生法治思维培育的路径探究

第一节 重视社会法治教育机制，创建大环境

个体是社会的个体，将个体法治思维养成的困境置于社会大环境中去考量，发现在文化层面、机制方面以及环境方面都存在制约因素。因此，大学生法治思维的养成需要以制约因素为导向，充分发挥社会的平台作用，努力打造社会法治大环境。

一、加强文化建设，确保法治根植人民内心

精神和文化属于意识层面的东西，是引导人们实施行为的内在强大因素，任何东西只要升华为精神和文化，就会得到人们自觉的尊崇和向往。同理，若法治上升到法治文化的高度，法治中国的建设就有了与之相适应的法治文化底蕴，以促进人们的思维方式和行为方式与现代法治精神相契合。

文化的形成是一个长期的过程，需要多角度着力，将长期规划与近期安排相结合，从点线面完善法治文化建设的对策。即以全民养成法治思维为重点，以营造自觉学法尊法守法用法的氛围为主线，以法治宣传和法治实践为操作层面，深入推进法治文化的建设。具体来说主要立足于以下两个工作抓手：

第一，法治宣传着重在"创新"二字。即要将普法作为法治文化建设的长期性、基础性的工作，创新普法方式。一方面要以空间为基点，塑造与空间环境相融的独具特色的法治景观，力求博眼球，达到一种视觉的冲击力；另一方面要整合法治资源，构建全方位、立体化的法治教育格局。主力在于紧扣法治主题，依托新媒体，从受众的角度设计、更新法治栏目，打造亲民的普法平台。

第二，宣传只能让人们了解法治的性能，要达到内心的信任，离不开切身的法治实践以检验法治的优性。一方面要从群众的生活、工作入手，创建符合群众口味的法治活动，

使他们在丰富多彩的活动中受到感染；另一方面要提供多渠道、便利的咨询和解决群众涉法问题的平台，打造全社会"遇事找法"的良好氛围。

二、推进严格执法与公正司法，增强信心

（一）推进严格执法

科学的法律，如果只是存在于纸面上，那也毫无价值可言。法律的权威和生命在于实施，而法律实施的关键在于严格执行。因此，严格执法是新时代全面推进依法治国的重要任务和实现法治社会的必要保证。推进我们国家法治建设进程，需要建设有效的法治实施系统。法治政府的法治实施活动关系着全体公民的切身利益。社会要有效、有序运转，需要政府依法执法、严格执法、规范执法、文明执法。只有如此，公民、法人、其他社会团体等组织的合法权益才能得到有效保护，才能提升人民群众对法律的认同。

推进严格执法，需要解决好不执法、乱执法、不作为等问题。要解决这些问题需促进执法人员依法全面履行职责。主要应该从四方面来进行：一是完善相关法律法规和制度，细化执法标准，让执法者和监督者都能有法可依、依法执法；二是构建执法机关履行法定职责的长效体制机制，让执法人员能积极履行岗位职责，消除、减少不作为、假作为的执法现象；三是强化效果考核评价体系，特别是在加强社会群众的效果考核评价安排上做好制度建设工作，提升全社会对执法公信力切身感受；四是强化监督力量，创新监督方式，为当事人监督和社会监督提供更加方便和有效的途径和机制。这样，才能真正让权利发挥作用，让公平正义实现价值所在，从而树立起宪法法律的权威和公民对法治的崇敬与信仰。

（二）推进公正司法

追求社会的公平正义，要发挥法律追求正义的效果，需要公正司法的实现。公正司法是现代社会民主、法治的重要体现，也是新时代社会经济发展和稳定的重要保障。群众对司法正义的感悟，是受社会上具体案件影响的。

公正是法治的生命线。推进司法公正，主要从以下三方面来进行：

第一，强化司法公开和透明。要注重以公开促公正，以公正树公信。司法人员要增强主动公开意识，让正义在阳光下茁壮成长。司法机关应该坚持主动公开、依法公开，依申请公开，最大限度保障人民群众的知情权、参与权、表达权和监督权。同时，完善信息公

开平台，利用互联网、微信公众号、短信平台等媒介，不断完善司法公开的互动、服务、便民等功能，加强群众与司法机关的互动联系，化被动为主动，让司法公开成为密切联系群众的桥梁纽带。

第二，推进司法独立。在法律实践中，要为司法机构创造一个独立的司法审判环境。这就要求我们要理顺司法机关与党的关系、司法机关与政府的关系。

第三，要完善司法监督机制，内外结合，构建内部监督机制常态化，外部监督广泛化，让社会各种力量参与到司法监督，确保司法公开透明，让司法腐败无处滋生。只有让群众在每一个司法案件中都能感受到公平正义，将公平正义的价值化为每个普通公民的获得感，提振民众对法治的信仰和对新时代法治中国建设的信心，全面依法治国才有了坚实的基础。

三、健全法律运行机制，维护法律权威

从某种程度上来说，衡量一个国家是否为法治国家的其中一个标准是法律权威是否在全社会被确立，它内在地要求所有的人和事一律要被纳入法治的框架中运行，没有特权而言。法律的权威首先要看法律是否科学合理，还要看法律能否真正得到有效的实施。维护社会主义法律权威与培育法治思维是同向进行的，不仅需要外在法治文化环境的"化人"，更需要内在运行机制的"束人"。

法治是一个动态的过程，囊括了立法、执法、司法、守法等全方位的运行，必须健全其运行机制，修复现阶段存在的漏洞，以保证整个运行链条的有效衔接。

第一，我国的法治建设是"自上而下"的政府推进型，公权力机关成为法治实践中的关键，他们是否遵守法律直接影响了群众对法的态度。因此，要将限制公权力作为法律权威确立的关键，要在法律框架内，从外部的监督机制以及内部的激励机制出发，软硬兼施以保证公权力坚守法治底线。

第二，完善立法、执法、司法体制，提高其公信力。一方面从"人"入手，提升公职人员的法治素质和能力，从源头上守住法治底线；另一方面要从制度和程序入手，明确细分所有部门的操作流程，力求将"恣意因素"降到最低，并不断吸取经验，完善制度。

第三，借助人民群众的力量构建强大的监督平台。一方面提高立法、执法、司法行为的透明度，让每一项行为经得起人民的考量；另一方面在加强媒体对执法司法行为的监督时，要拓宽人民参与监督的渠道，为他们提供参与的平台，逐渐实现"自下而上"的互动机制。

四、完善保障机制，发挥社会的平台作用

任何事物的发展存在一定的运行方式，可以将其称为"机制"。法治文化的建设可以发挥"以文化人"的作用，促进人们对法治的认同，法律运行机制的健全可以营造遵法守法的良好氛围，促使人们对法治达到一种理性的敬畏。由此，法律传统的现代困境稍有弱化，法治思维培育的外在环境得以保障。

从内在机制来说，若要使大学生法治思维的培育趋于常态化，还需要充分发挥社会的平台作用，提供相得益彰的保障体系，以辅助其长期有效的进行。根据法治思维培育的特殊性，可以从以下方面提供强有力的培育保护：

第一，对于当前大学生法治思维培育在实际操作中重视不足的情况，提供相应的政策保障。凭借政策的强制性、稳定性等特点，以权威的形式专门明文规定大学生法治思维培育的目标、理念、原则、任务、评价指标以及采取的具体措施等，从而提高培育的重视程度，为培育确立长期的规划。

第二，针对当前大学生法治思维培育缺乏专业的人才，完善人才保障机制。一方面要从国家的角度提供条件加强法治教育人才的培养和培训；另一方面就高校而言，也要采取培育为主、引进为辅的机制，定期对当前法治教育的老师进行相应的培训，以全面提高高校法治思维培育队伍的专业素质和整体水平。

第三，提供法治思维培育的物质保障。法治思维作为精神层面的培育，其培育的资金资助相对于立法、执法、司法等环节较弱化。但若要保证培育的长期性，无论是政策保障还是人才保障，或是培育过程中的实践环节，都需要足够的经费作为支撑。但需注意开销的针对性、合理性和适当性，使法治思维的培育长期、稳步、有序地进行。

第二节　完善法治思维培育体系，加强培育力度

高校作为大学生法治思维培育的关键领域，必须坚持以培育存在的问题为导向，遵循法治思维养成过程的规律，将培育全方位融入教学、实践、管理等全过程。能够在顶层设计以及具体操作层面上下功夫，完善高校法治思维培育体系，提升法治思维培育力度，使培育趋于常态化，培育的有效性得以实现。

一、提高重视程度，明确法治思维的培育理念

从哲学本体论的角度来分析，"理念"是对事物发展的共相规律不断磨合、总结的基础上形成的，反过来指导事物有序发展的一种"元理论"。从价值论的角度来分析，理念性的东西在形成的过程中已经吸取了积极的因素，剔除了消极的因素，过滤下来的是符合人类社会发展所要追求的范畴的集合体，理念一旦形成，具有强大的"导航"作用。

培育理念就是对长期以来培育规律的一种共相认知，内在包含了培育的期待，有什么样的培育理念，就有什么样的培育行为。然而在实际的培育过程中，由于重视程度不够，培育理念存在偏差，继而影响了培育效果。因此，必须明确大学生法治思维的培育理念，以保证具体操作层面的东西得以有序、科学地进行。

第一，在明确理念上应把握住两点：①大学生法治思维的培育是一项精神、观念层面的素质教育，其培育不可简单的定位于知识性的教育和守法教育；②大学生法治思维的培育最终是为了促成大学生养成法治思维，达到思想上和行为上的法治自觉，要区别于大学生与领导干部的区别，合理安排培育任务。

第二，理念的科学制定与重视程度息息相关，必须采取相关措施，切实提高重视程度。①从硬指标着手，针对培育的情况设立科学的考核、评价体系，让奖励与监督并存，使培育工作者感受到培育的必要性；②从意识层面着手，定期召开专题讨论会，可以学习相关会议内容，也可以讨论在具体实施过程中存在的问题以及解决的措施，将可行的建议纳入调整的范围，让培育的工作者在领会会议精神以及讨论的过程中明白法治思维培育的重要性。

二、建构多渠道格局，创新法治思维的培育模式

提高重视程度，明确培育理念，为大学生法治思维的培育构建了整体上的宏观调控体系，使操作层面上的具体实施沿着培育理念的轨线运行。但在具体实施的过程中，受多方面原因的影响，培育的内容、方法以及培育过程等偏离了导航系统的提示，培育效果不理想。因此，如何培育便成为当下急需解决的问题，培育工作者必须遵循法治思维形成的规律，打破原有单一的培育格局，整合法治教育资源，拓宽法治教育的途径，构建多渠道、多层次的法治思维培育格局，以创新的法治思维培育模式。

在构建过程中理应遵循的总体思路是：以课堂教学为主导，以实践活动辅助运行，基本形成课堂教学与学校党建团建活动、学生社团活动、学生社会实践活动相配套实施的多

渠道的培育格局。并不断打磨教育教学规律，在教学手段上下功夫，以新颖的培育模式吸引学生的注意力。

第一，打造科学、高效的课堂教学，让法律"首进"课堂。①应增设相应的法律课程，提高法治教育的比例；②教师可以根据学生的专业背景以及生活背景的不同，分层地安排相应的教学内容，在不同的思想政治理论课中的法律内容应该有不同的侧重点，以真正满足学生的需求；③在适当灌输教学的前提下，打磨教学方法，选择与教学内容相契合的方法、艺术呈现给学生，给予学生视觉上和心灵上的冲击力，自觉融入教学中来。

第二，构建稳定的、多元化的实践平台，加强学生法治思维的训练。①课堂实践。即老师根据相应的教学内容，合理的安排讨论、辩论以及情景模拟等环节，刺激学生的思考。②校园实践。充分利用党建、团建、社团活动的优势，学校给予制度以及经费上的保障，安排特定的工作人员组织开展法治活动，提高学生的感受度。③校外实践。积极与校外建立长期性的实践交流平台，组织学生参与类似于"司法旁听"等的活动，让学生在活生生的案例中激发思维的转化。

三、建立长效机制，改进学生工作的管理方式

实现国家治理体系和治理能力的现代化，内在地要求所有事物的运行都必须以"法治"为基准，以保证秩序的平衡。教育作为我们民族持久发展的动力，其治理体系必然要紧靠法治，自觉将法治思维和法治方式融入教育治理的全过程，实现教育治理的法治化，加强"依法治校"就显得十分有必要。因此，依法治校和大学生法治思维的培育是同时进行的，并互为良性循环：一方面，帮助大学生养成法治思维，可以使其自觉遵守校规校纪，促进依法治校的进程；另一方面，依法治校的实施，可以为大学生法治思维的养成提供民主的法治小环境。依法治校和大学生法治思维的培育是长期性的过程，需建立长效机制，将其常态化。这就要求从多方面着手，推进教育、管理、服务的法治化，不仅需要自上而下的制度建设，更需要自下而上的主动参与。

第一，制度建设。一方面根据建设现代大学制度的相关核心要求，处理好宏观层面和微观层面的构架关系，将法治纳入教学、科研、社会服务等三大人才培养方式中。力求明确各方的职责，建立科学合理的运行以及监督机制，做到校务公开以及结果、程序公正，为培育提供和谐发展的校园环境。另一方面为大学生法治思维的培育专门制定运行和考核的制度，严格执行并视情况进行调整。

第二，主体建设。一方面学校领导干部以及教师作为教育的引导者，理应自觉加强法

律知识的学习，提升自身的规则意识以及平等意识，用法治思维和方式处理学生的相关事务。另一方面，要注重学生主体意识的提升，创造条件让学生参与到诸如学校规章制度的设计以及学生管理事务的规则制定中去，让他们享受权利的同时，感受到课堂教学的内容与现实并不是割裂的，从而自觉提高参与的主动性。

四、加强法治文化建设，打造校园法治小环境

每个大学的发展都植根于肥沃的文化沃土，大学文化除了一般文化的特征外，还反映了独具特色的价值追求和理想信念，以其强大的渗透力增强学校的凝聚力和向心力，影响着一届又一届的学生，并播散在社会，丰富社会主义文化的内容。高校法治文化属于大学文化的一部分，同样具备这种特质以及功能，加强校园法治文化的建设，逐渐形成大学生法治思维培育的校园法治文化底蕴，从而与社会法治大环境有机地衔接，让其在潜移默化中感受法治的魅力，增进对法治的情感。

总的说来，要以"法治认同"为根本，不断深入推进依法治校，构造法治宣传和法治实践为一体的建设格局，让学生逐渐在法治宣传中了解法治、在法治实践中体验、认同法治。

第一，在法治宣传版块。一方面充分利用各自的大学校园环境，结合与学生学习、生活息息相关的图书馆、教室、食堂、宿舍等领域的特殊性，设计与之相匹配的法治橱窗、法治长廊、法治广场等法治景观，让法治入眼、入脑、入心，久而久之，宣传的内容不仅仅是挂在墙上，而且会记在心里，体现在行为上。另一方面，充好利用好校园网络，根据学生的喜好和需求，安排专门人员在网络上设置类别多样的"法治窗口"，并作及时的更新以及推送，以提供丰富的法治学习资源，并及时解决学生的困惑。

第二，在法治实践版块。除了将法治活动融入学生的日常学习、生活的所有活动中外，另外还要定期举办法治文化月等活动，提高学生的参与度。

第三节　加强家庭法治思维培育，营造法治氛围

大学生法治思维的培育是一项长期性、系统性的艰巨任务，必然要构建完整的培育格局，形成培育合力。在发挥社会平台作用、学校关键作用的同时，还应充分挖掘家庭教育的基础性作用，促使家庭法治思维的培育能够自觉地、有层次地进行，从而合力拓宽法治

思维培育的平台。

一、转变家庭教育理念，确保家庭教育科学化

家庭教育在一个人成长阶段中有着基础的决定作用。家长的教育观念在一定程度上，能决定着家庭教育的目的、内容、方法选择。迈入了新时代的社会主义社会，对人的全面发展提出了更高的要求。不仅对人的知识水平和道德水平提出了更高要求，对人的法治素养也提出了新的要求。

理念是思想层面的东西，比起外围层次的强制性的制度和措施更具有约束作用，无论是发挥哪一培育单位的作用，都需要有相应的培育理念作为指导，以确保培育过程的科学性。仔细审视目前我国大多数家庭的教育理念，由于受到多种传统因素的影响，总体上仍然呈现狭隘功利化教育的倾向，主要表现在重智育而轻视孩子社会层面内容上的教育。

家庭教育理念是家庭教育的指南，影响着家庭教育内容和方式的选择，在功利化教育理念之下衍生出的是片面的教育内容以及陈旧的教育方式，严重制约着大部分孩子的个性发展。因此，若要提升家庭法治思维培育的有效性，就得确保家庭教育的科学性，为家庭法治思维的培育找准方向。

第一，确保家庭教育内容的社会性。即家庭的教育主体（主要指父母）要认识到孩子要健康的成长成才，仅重视智育是远远不足的。必然要遵循孩子身心健康发展的规律，结合自身家庭独特的优良传统，注重孩子在社会层面上的教育，如孩子的心理素质、道德品质、法治观念以及人际关系、受挫能力等等。

第二，树立终身学习的理念。当下环境的开放性、复杂性促使家长们必须立足于时代的变化，主动学习新鲜事物，力求接收的信息能够与孩子接收的信息保持在同一个频道，理解孩子的兴趣爱好，减少摩擦，适时调整自身的教育理念以及方式。加上对大学生教育的远程式，更应熟悉微信微博的操作，加强与孩子的互动，避免中断对孩子的教育。

二、提升家长法治素养，构建家庭法治思维平台

转变家庭教育的理念以及方式，确保了家庭教育的科学化，使家庭法治思维的培育成为可能，解决了"愿不愿意"培育的问题，若使培育保持长期性，还需解决"能不能"的问题。即面对家庭法治教育缺失的情况，如何才能构建家庭法治思维培育的平台，在很大程度上取决于家长的法治素养能否得以提升。

"素养"与"素质"同义，但不单仅仅指素质，是"素质"和"教养"的含义，是指

由训练和实践而获得的技巧或能力，包括知识水平、道德素质以及能力等，还指平时养成的良好习惯。由此可推，法治素养是一种良好的习惯，是一种法治技巧或法治能力，必须经过法治实践和训练获得，是在掌握基本的法律知识和法律技能的基础上，主动运用这些知识和技能来处理问题的能力。因此法治素养的内涵丰富，相应的提升方式理应丰富而具备层次性。此处主要着重于以下两个核心要素：

第一，法律常识的掌握。即家庭教育主体应主动通过多种渠道掌握我国基本的法律知识，能够认识到法律与我们的日常生活是息息相关的。在此基础上还要了解法律运行的机制以及运用法律处理问题的流程，消除对法律的陌生感，树立对法律的崇敬之情，拥有对孩子进行法治教育的资质，不定时地针对法律案例与孩子进行探讨，引导孩子正确认识法律以及解决问题的方法。

第二，法律能力的训练。即家庭教育主体应该积极配合普法宣传活动，主动向有关工作者咨询不懂的法律问题，将生活中遇到的问题优先纳入法治的范围考虑，能够将自己掌握的法律常识来解决问题，避免走弯路或造成遗憾。

三、优化家庭环境，营造良好家庭法治教育氛围

从人的心理素质、健全人格以及正确三观形成的规律来看，环境这一因素对于人的健康成长成才起着至关重要的作用，不同的成长环境会造就不同的性格。一个人一生大部分的时间都在家庭中度过，家庭环境对人的影响是多层次多方面的，在良好和谐的家庭环境中人的性格一般是积极向上的，反之通常是压抑消极的。因此家庭法治思维培育平台的构建，既需要转变教育理念、方法，提升法治素养，更需要优化家庭环境，后者是前者的助推剂。优化家庭环境与营造良好的家庭法治教育氛围是同向进行的，并不冲突，二者互为影响。

从家庭教育来看，家庭教育不仅仅只是指父母对子女的影响，更多的是家庭成员之间的互动，通过互动每个人的行为会在潜移默之间直接或间接地让彼此接受一些东西。因此，家庭环境优化以及家庭法治氛围营造的着重点在于家庭成员彼此之间的互动，主要着眼于以下两个方面：

第一，以"民主""沟通"的家庭教育方式为主，尊重孩子的人格独立性、与孩子确立平等的关系，针对彼此存在的问题尽量通过商量、沟通达成共识。尊重孩子的兴趣爱好以及想法，尽量支持孩子正确的选择，逐渐引导孩子学会换位思考。

第二，在此基础上，重视对孩子的法治教育，不定时地在家庭中将自己有关法律的见

闻以及解决麻烦的渠道分享出来，也可以让孩子试着模拟运用法律解决问题的程序，激发孩子接触法律的兴趣。当然除了以上"软环境"的打造之外，还可以结合自身家庭的喜好，在"硬环境"上下功夫，为孩子营造温馨、和谐、独特、舒适的生活环境。

第四节　提升学生自我教育能力，提升自觉性

大学生法治思维的培育从本质上来说是一项以大学生这一主体为核心所开展的能动性的培育与践行活动。社会、高校、家庭的一系列培育规划要得到有效的实施，关键在于大学生这一内因能否发挥作用。提高大学生的自我教育能力，旨在提升他们法治思维养成的自觉性，而发挥主观能动性，加强法治思维的训练以及提升法治认同度均为大学生在思想上以及行为上提高自我教育能力的集中体现。

一、深刻认识大学生自我教育，遵循教育原则

大学生自我教育是以自我意识发展到一定程度为前提，大学生将自身分化为教育主体和教育客体，以主体自我所确立的教育目标和发展规划为指导，以主体自我所认同的素材为教育内容，通过主体自我所选择的教育方式、方法和途径，自觉、能动地提升大学生自身主体性，完成自我认识、自我调控、自我反馈、自我实践等一系列过程，使大学生逐渐拉近现实自我与理想自我之间距离，使实然自我趋向应然自我的一种高度内省的教育活动、教育方法、教育过程。

（一）大学生自我教育的特征

1. 主客体统一性

大学生自我教育具有主客体统一性，这是大学生自我教育根本特征。传统灌输教育在一定程度上压抑教育客体的主体性，使其丧失自我意识和创新能力。而自我教育则注重教育客体主体性的发挥。在这一过程中，教育主体与教育客体统一于一身，自我教育者可为自己设立发展目标、做出实施计划、选择教育方法。此外，由于教育主客体统一于一身，这就会使自我教育者自觉对自身内在思想观念及外在行为活动进行调整与约束，以增强自我价值感与满足感。

2. 动力内生性

个体总是存在一定矛盾，为消解因矛盾而产生的心理冲突，个体将通过自我反省、自我调节、自我激励等内在活动，建立自我教育深层动力机制，通过抽象思想建设和具体实践活动完成自我教育，逐渐走向理想自我。可见，自我教育动力内生于自我教育者，根源于自我教育者内在矛盾和需要。因此，大学生在自我教育过程中，要善于分析自身内在矛盾与需要，激发和调动自身内在动力，充分利用和把握自我教育动力内生性这一重要特征。

3. 过程能动性

大学生自我教育具有过程能动性：首先，体现在自我教育的目的性及计划性。大学生自我教育往往以大学生所设定的目标计划作为指导，为自我教育提供行动指南；其次，体现在自我教育活动的自主选择性和创造性。大学生可以自主选择自我教育的内容、载体、时间等因素，还可在现实基础上，创造理想的自我教育文化氛围和客观条件；最后，体现在大学生能动地指导、调节自我教育活动，促使自我教育向好发展。因此，大学生要善于发挥自身主观能动性，并将其充分应用于自我教育过程始终。

4. 行为社会性

个体无法离开社会关系网络而独立存在，总是受到其不同程度的影响。在社会活动中，个体一定会与他人产生某种社会关系，而任何一段社会关系都可能成为个体进行自我教育的重要资源。另外，人是在社会化过程中实现自我意识形成与发展的，也是在一定社会关系中完成自我评价和自我反馈的。因而，准确认识个体与社会之间的关系，使个体契合社会发展要求，最大限度创造自身社会价值是大学生自我教育内在要求。

5. 活动终身性

相较于其他教育模式，自我教育具有独特的持续性和永恒性，体现为教育时间与教育空间的自由性和延伸性。人的需要的绝对性决定了个体内在矛盾的不可调和性，这就赋予自我教育以持续性、永恒性。另外，社会的发展进步需要人的思想观念、知识文化、技术能力等随之更新，这要求个体能够适时提出相应发展目标和规划，通过自我教育不断自我完善、自我更新，从而与时代保持同步发展，实现终身自我教育。

（二）大学生自我教育与外部教育的关系

为更好理解大学生自我教育，更加突出大学生自我教育重要意义，需要对大学生自我教育与外部教育的关系进行清晰阐释。大学生自我教育与外部教育不是相互对立的，而是相辅相成的。

第一，大学生在接受外部教育的同时，需要其进行一定的自我教育。在进行外部教育时，需要大学生发挥其主观能动性，预设学习目标、激发学习欲望，参与到教育中来。如果大学生没有专注配合教育者所进行的教育活动，外部教育所传递的价值理念、知识技能等没有内化于大学生内心，外部教育就不会产生理想的教育效果。

第二，大学生自我教育需要将外部教育作为一种重要方法途径。大学生进行自我教育的过程不是完全独立于外部环境而发生及存在的，它通常需要与外部环境进行信息交换与互动，需要借助接受外部教育的方法和途径来学习知识、掌握技能、提升思想、陶冶情操，这样才能丰富大学生自我教育内容、提高大学生自我教育效果。因此，大学生自我教育与外部教育相互依存，不可分离。大学生自我教育重要价值由此凸显。

（三）大学生自我教育的原则

1. 外部教育与自我教育相结合原则

对于教师来说，一定要牢牢坚持以学生发展为本，从尊重、理解、关心学生出发，使学生感受到教师的可敬、可信、可亲，继而自觉汲取教育内容。另外，思想政治课教师应尽可能地激发学生自主性、能动性，调动学生情感因素和理性基因，指引学生养成自我教育习惯。从自我教育来看，它虽是带有个人色彩的特殊教育形式，但个人力量总是有限，因而自我教育也需要群体环境的感染与促进作用，大学生可从中借助外部力量更好地进行自我教育。故而，大学生要牢牢坚持这一原则，以优化自我教育质量。

2. 思想教育与行为约束相结合原则

人的思想是人的本质在头脑中的集中表现，它由理智系统、情感系统两部分构成：理智系统能够使人进行演绎、推理等理性思维，从而来认识客观世界；情感系统能够使人具有丰富心理活动及感官体验，继而影响人的行为活动。

人的行为活动是人与客观世界交互作用的产物，它与思想之间双向互通：人通过理智系统及感觉系统感知客观世界，经过思考掌握客观世界运行及发展规律，指导人的行为活动；同时，人又通过具体行为改造客观世界的过程也会使其主观世界得到调整与升华。所以大学生要牢牢坚持思想教育与行为约束相结合原则，将自我思想教育与自我行为约束统一于自我教育过程始终。

3. 自我教育目的性与工具性相统一原则

自我教育是一种内含目的性的活动。目的性表现为人的主观动机，是推动人的活动、实现人的发展的内在主要动因。目的性总是对应地指向某一客体，旨在实现客体相对于人的价值。因而，目的性是人的一切实践活动的动力之源，但目的性的发展与实现有赖于具体实践活动，而工具性是实践活动的内在规定和重要属性。故而，人的目的性与工具性统一于实践活动之中。大学生在自我教育过程中，要始终坚持目的性与工具性相统一原则，在让目的性发挥出统领、激励、调节功能的同时，也使工具性发挥出其创造性作用。

4. 个体价值取向与社会价值导向相统一原则

社会价值导向是由特定客观条件所决定的文化特色。个体价值取向指个体在面对各种矛盾、关系时的基本价值立场、价值态度。人的一切思考和行为都离不开个人价值取向。但需要特别强调的是，社会性是个人价值取向最核心的维度。因为社会需要是社会全体成员根本性、长远性、全局性需要的反映，是个人需要得以满足的前提基础；另外，社会价值取向在一定程度正确反映社会历史发展规律。因此，大学生在进行自我教育过程中，要牢牢坚持这一原则，把个人人生追求同社会发展进步紧密结合，实现人生价值。

二、重视课堂学习，积极主动学习法律知识

大学生法治思维形成的基础就是法律知识积累。没有法律知识的积累，也就找不到依法办事的根据。大学生自身要形成符合新时代要求的法治思维，首先必须做好法律知识的积累，为形成法治思维提供良好的理论支撑。

教师在课堂上照本宣科，学生机械式领会，缺乏教师与学生的积极互动和相互影响，故而法治教育的成效不尽理想。培育当代大学生的法治思维，需要我们的国家、社会、高校、家庭的多方助力，但最重要的是大学生自身的内因关键作用。因此，大学生自身要发挥主体性和主动性，从身边的法律入手，培养学习法律知识的兴趣。

从当前情况来看，大学生应该主动融入新时代的法治潮流中，融入全面依法治国的时代命题中，激发对法治国家、法治社会建设的热情，积极主动地从法律知识和法治事件中汲取营养。大学生可以结合专业知识、劳动就业、婚姻家庭等与自身实际相关的法律作为切入点，掌握与自身专业知识背景、兴趣爱好、工作与家庭环境等相关的法律，并将学习范围和覆盖面相应扩大，尽可能多地掌握更丰富的法律知识，完善自身的法律知识体系，为形成符合时代需要的法治思维提供良好的理论知识贮备。

三、转变对法治教育的认知，发挥主观能动性

认知是指在认识事物的过程中对所接收信息进行处理的一种心理功能，认知是否正确，直接影响了主体的行为选择是否正确，行为结果是否出现偏差。社会、学校、家庭等单位所进行的培育活动属于外在的培育力量，起着引导、监督的作用。但是主体在认知的过程中若遇到阻碍，会筛选掉这种引导性的内容，仍然保留原有的认知结构。培育要有效果，首先得保证大学生对法治教育的正确认知，关键在于当他们在受到外在培育力量的刺激时，能够自愿让有关法治的内容融入原有的认知结构中，进行组合排列，逐渐达到对法治以及法治教育的正确的认知，认识到法律对于生活是不可或缺的，法治能力是必备的能力。发挥学法的主观能动性是提高自我教育能力的集中表现，可以做到以下两点：

第一，珍惜社会、学校、家庭提供的每一次法治教育的机会，积极参与到培育活动中去，了解法律常识，并自觉咨询、讨论自己存在困惑的法律问题。

第二，主动拓展了解法律的渠道，即结合自身所掌握的多媒体资源，构建新的学习法律的资源库，不定时的滋养自己的认知结构，以逐渐转变错误的认知，懂得法治思维培育的重要性和必要性。

四、明确权利义务，强化法治思维方式的训练

在不断发挥大学生学法主观能动性的过程中，面对培育活动的刺激影响，大学生能动自觉地认识与法治相关的内容，并做出积极的、有选择性的回答或反应，逐渐形成正确的认知。但是，任何事物不会自动满足人的需求，正如法律的优越性不会自动满足人们对法治的需求一样，必须经过实践，重组新的认知结构以指导主体的行为，才能让培育内容更为彻底地融入原有的认知结构中去。此种思维与实践的结合，能够让法律满足人们的需求，继而促成"认识—实践—再认识—再实践"的良性循环过程。因此，思维可以被训练，必须强化法治思维的训练。

"权利义务"作为法学的一对基本范畴，明确规定了主体行为的"作为"以及"不作为"，使得社会的"相对复杂"在这对范畴下规范显得"相对简单"。培育大学生的法治思维就是以大学生的"权利义务"作为主线，不断创设实践活动，实际地指引、督促大学生在享受权利的同时履行义务，加深对法治的信任和依赖。外在的监督和引导或许会存在激发大学生反感的情况，必然要树立内心深处的自觉性，主动明确自身的权利义务。具体来说，可以从以下两个方面入手：

第一，每个身处于社会中的人，都拥有多重的角色和身份，继而伴随着不同的权利和义务。大学生既是学生，也是孩子，更是公民，应该积极了解自身在各个身份之下息息相关的权利与义务，当权利受到侵犯时不做沉默者，要有维权意识，并付诸实际行动。

第二，时刻地进行自我反省教育，反省是否履行了自己应尽的义务，反省自身的行为是否损害了别人的权利等等。

五、增强社会责任感，提升法治认同度

"法治认同度"简单而言就是指人们对法治认同的程度，其中包含了对法治的相信、敬畏以及期望之情，人们只有在内心深处认同法治，才能在思想上和行为上自觉认识和践行法治。因此，提升法治认同度既是培育大学生法治思维的终极目标，也是必用的培育手段之一，使法治思维能力的形成成为可能。在不断认知以及实践法治的过程中，会逐渐增强大学生对法治的情感。

大学生须增强自身的社会责任感，培养自身对他人、集体、社会、国家的一种道德情感，并将主动完成任务、承担责任、履行义务的态度付诸行动。大学生作为中国法治中国建设的重要力量，要认识到法治的重要性，将法治建设作为自己的责任。就必须努力做到以下方面：

第一，抓住法治教育的契机，寻找法律学习的渠道，努力学习法律常识，能够熟知解决矛盾的法律流程，为守法、用法奠定基石。

第二，主动参与法治实践活动，积累处理法律问题的经验。

第三，积极组织社团，不定时开展"法治月"活动，让更多的人正确的了解法治以及建设法治的重要性。

六、将法治实践融入日常，感悟法治魅力

大学生学习法律知识是形成法治思维的基础。但只有在法治实践中，大学生才能真正提升法治意识，法律知识才能真正内化为大学生的法治思维和法治信仰。

因此，大学生应该积极主动融入法治生活，将法治实践融入工作、融入生活。

第一，充分利用业务时间，大学生应积极参与社区志愿者法律服务或是学校成立的大学生法律援助中心等机构加强法治实践，为需要的人提供法律帮助，也在这个过程中实现了探寻法治真理，加强了社会法治实践。

第二，积极参与当地的法治教育实践基地和法治文化基地，通过深入法律知识的理解

和运用和探寻法治文化的真谛，进一步加强对宪法法律至高无上权威的体悟。

第三，从生活的一点一滴做起，从身边的小事做起。大学生应自觉遵守学校的各项规章制度，按时上课，尊重老师，团结同学，考试坚持诚信不作弊、参与班级竞选活动不搞小动作，等等，不仅要守住规则底线，还敢于揭露身边一些不文明、不诚信、不合规、不合法的行为。遇事找法、想问题办事情都要守住合法底线，在自身合法权益受到侵害时，不仅敢于拿起法律武器，还要善于运用法律规则，理性解决问题。

通过加强日常法治实践，大学生能身临其境感悟到法治的魅力，激活他们自身的法治细胞，更加积极主动去学习法律知识，锻炼自我的法律运用能力，培育具有合法性、权利与义务统一、公平公正、讲程序规则的法治思维。大学生也只有在不断加强法治实践的锻炼中，完成理论到实践的转化，并在实践中得到法治真理的升华。

参考文献

［1］叶飞. 论法治教育隐性课程的建构［J］. 中国教育学刊，2018（03）：11-16.

［2］胡钦太，林晓凡，王姝莉. 智慧教育驱动的教育系统革新［J］. 中国远程教育，2022（07）：13-20+78.

［3］张英琦，王兴伟. 新时代校园文化建设路径探索——评《校园文化建设的理论与实践》［J］. 中国教育学刊，2022（07）：120.

［4］牧人. 新时期高校教师法治素养提升路径研究［J］. 法制与社会，2020（28）：156-157.

［5］郑亚娟，王忠东. 大学生法治教育研究［J］. 黑龙江教育（理论与实践），2020（10）：25-27.

［6］陈思琪. 开展大学生网络法治教育的必要性及其意义［J］. 法制博览，2021（5）：181-182.

［7］谭作强. 试论高校大学生网络法治教育的新思路［J］. 理论观察，2015（8）：152-153.

［8］李迎霞，卢黎歌，武星星. 大学生网络法治意识培育研究——以陕西省6所高校为例［J］. 思想教育研究，2019（6）：137-140.

［9］范益民. 新媒体时代大学生网络伦理道德失范教育的法治化思考［J］. 学术探索，2016（1）：53-58.

［10］阮丽铮. 大学生法治文化生成的困境及其培育途径［J］. 学习论坛，2017，33（5）：66-69.

［11］王莹，张森林. 新时代网络法治文化建设的路径研究［J］. 思想政治教育研究，2019，35（6）：138-142.

［12］张兴海，迟慧. 论大学生法治价值观的培育［J］. 东北师大学报（哲学社会科学版），2016（2）：234-238.

[13] 邓巧蓉. 高校大学生法治思维培育论析 [J]. 学校党建与思想教育，2017（7）：64-66.

[14] 张振芝，周美艳. 大学生法治教育教学路径探析 [J]. 高等农业教育，2017（6）：92-95.

[15] 王常静. 当代大学生法治思维养成研究 [J]. 学校党建与思想教育，2017（22）：53-54.

[16] 孙由体，胡方红. 略论大学生法治思维的培育 [J]. 教育理论与实践，2015，35（12）：37-38.

[17] 熊伟. 迈向现代性的大学生法治教育 [J]. 江苏高教，2009（5）：109-111.

[18] 蒙秋明. 略论当代大学生法治意识的培育 [J]. 学校党建与思想教育（高教版），2015（3）：55-56.

[19] 蒋玉娟. 高校大学生法治教育面临的困境与对策 [J]. 学校党建与思想教育，2017（10）：80-82.

[20] 薛惠. 论法治思维在大学生群体中的培树 [J]. 华北电力大学学报（社会科学版），2022（03）：126-133.

[21] 耿步健，张岩. 当代大学生法治思维方式存在的问题与对策 [J]. 青年学报，2022（01）：25-32.

[22] 于影，李奇. 新时代大学生法治思维培育路径研究 [J]. 淮南职业技术学院学报，2022，22（01）：99-101.

[23] 杨祥冰. 新时代大学生法治思维培养路径的实践维度 [J]. 法制博览，2021（26）：184-186.

[24] 王海燕，郑娴. 全面依法治国背景下大学生法治思维培育探析 [J]. 黑龙江省政法管理干部学院学报，2021（04）：157-160.

[25] 高志华. 当代大学生法治思维培育的意义与路径 [J]. 中国高等教育，2019（11）：50-52.

[26] 朱国良. 论大学生法治思维培养的几个着力点 [J]. 思想理论教育导刊，2016（05）：65-67.

[27] 陈大文，孔鹏皓. 论大学生社会主义法治思维的培养 [J]. 思想理论教育导刊，2015（01）：29-33.

[28] 蔡晓卫. 论高校大学生法治思维的养成 [J]. 中国高教研究，2014（03）：76-79.

［29］谢芳. 依法治国背景下大学生法治教育路径研究［J］. 中国成人教育, 2015（18）: 70-72.

［30］韩贤发. 情境·情形·情节·情理——法治教育中基于"四情"培育核心素养例谈［J］. 基础教育课程, 2018（18）: 54-58.

［31］冯军, 郑艳菊. 空间理论视域下大学生法治教育的现实审视与优化路径［J］. 河北大学学报（哲学社会科学版）, 2022, 47（1）: 144-151.

［32］高德胜, 王莹. 高校"基础"课教学隐性思想政治教育有效途径探析［J］. 黑龙江高教研究, 2015（4）: 149-152.

［33］董翼. 大学生法治教育存在的主要问题及对策思考［J］. 思想理论教育（上半月综合版）, 2016（3）: 62-66.

［34］张宇恒. 从法制教育到法治教育的转向与进步［J］. 上海教育科研, 2019（7）: 10-14.

［35］储德峰. 依法治国视域下我国高校法治教育的现实困境及其超越［J］. 社会科学家, 2017（9）: 124-129.

［36］王双群, 余仰涛. 法治教育与德治教育的内涵及意义［J］. 理论月刊, 2006（7）: 184-186.